Uwe Hoering
Vorsicht: Weltbank

W0078314

Uwe Hoering ist freier Journalist und Publizist. Er arbeitet seit vielen Jahren von verschiedenen Standorten (New Delhi, Nairobi, Bonn) aus zu entwicklungs- und umweltpolitischen Fragen, u.a. für Printmedien wie die »Frankfurter Rundschau« und für den Hörfunk wie den WDR. Er ist Autor mehrerer Bücher (u.a. »Das Wasser-Monopoly« zusammen mit Lisa Stadler, Zürich 2003) und Redaktionsmitglied der Zeitschrift »Peripherie«.

Das Kapitel 6 verfasste *Daniela Setton*, Mitarbeiterin der Nichtregierungsorganisation Weltwirtschaft, Ökologie & Entwicklung (WEED). Die Diplom-Politologin verfolgt dort die internationale Entwicklungs- und Umweltpolitik, mit Schwerpunkt auf den energiepolitischen Aktivitäten und Programmen der Weltbank.

Uwe Hoering

Vorsicht: Weltbank

Armut, Klimawandel, Menschenrechtsverletzungen

Herausgegeben vom Forum Umwelt und Entwicklung

VSA-Verlag Hamburg

www.forumue.de

www.vsa-verlag.de

Redaktion:
Peter Lanzet (EED), Jürgen Maier (Forum U&E),
Armin Paasch (FIAN), Regine Richter (urgewald),
Ann Kathrin Schneider (IRN), Daniela Setton (WEED),
Knud Vöcking (urgewald), Christa Wichterich (WIDE)

© VSA-Verlag 2007, St. Georgs Kirchhof 6, 20099 Hamburg
Alle Rechte vorbehalten
Titelfoto: Weltbankpräsident Paul Wolfowitz (Foto: dpa)
Druck und Buchbindearbeiten: Idee, Satz & Druck, Hamburg
ISBN 978-3-89965-241-3

Inhalt

Kästen

Die Weltbank – Ein Monster? 12 I Kleine Einführung in die Bretton-Woods-Institutionen 17 I Gebühren im Bildungswesen 25 I Brasilien – Hilfe für Agrarkonzerne 27 I Ohne Wirtschaftsreformen keine Entwicklungshilfe 29 I Die Wiederentdeckung der Landwirtschaft 30 I Zollabbau: Löcher im Staatssäckel 32 I Die Auswirkungen von Beratung und Kreditvergabe 33 I Falsche Prognosen 37 I Wie viele Arme? Zahlenspiele 40 I Evaluierungsabteilung: Weltbank ignoriert Armutsorientierung 43 I Uganda: Strohfeuer 45 I Was ist »Pro-poor-Growth«? 50 I Orissa – Hilflose Helfer 54 I Guatemala – Gold und Dreck 55 I Tschad/Kamerun: Ende eines Modellprojekts 58 I Die Bank als Broker 62 I Die Hauptprofiteure aus Weltbankprojekten im Bereich Fossile Brennstoffe 1992-2004 63 I Vertröstung auf die Zukunft 64 I Pakistan – Tödliche Verstöße gegen Safeguards 68 I Eine neue Forstpolitik 69 I Frauen als Mehrzweckwaffe 72 I Rechte indigener Völker 74 I Ghana: Verstoß gegen das Recht auf Wasser und auf Gesundheit 77 I Landreformen – Markt versus Recht 78 I Laos – Der Dammbruch 83 I Aktuelle Beispiele für wirtschaftliche Konditionalisierung von Weltbankkrediten 90 I »Wissensbank« 94 I Kein Geld für Entwicklung 99 I Stellenbesetzung nach Art des (Weißen) Hauses 104 I Offenlegung von Informationen 105 I Deutschland in der Weltbank 111 I Die Weltbank-Mühlen mahlen... 117

Vorwort

Nach außen hin strotzt die Weltbank vor Kraft, Selbstbewusstsein und guten Absichten. In der öffentlichen Selbstdarstellung erweckt sie den Eindruck, dass ihr ganzes Streben nur darauf ausgerichtet ist, den Menschen zu helfen, die nicht genug zu essen haben, die keinen Zugang zu sauberem Trinkwasser, keine menschenwürdige Wohnung, keine Chancen aufgrund von Diskriminierung oder mangels Bildung, Geld und Arbeitsplätzen haben.

Sie sei unentbehrlich für Wirtschaftswachstum, Investitionsklima und Außenhandel, für Forschung und Beratung, für den Aufbau von Institutionen, Behörden, Korruptionsbekämpfung und *Good Governance*, für Umweltschutz und nachhaltige Entwicklung – vor allem aber für die Verringerung der Armut. Alles was sie tue, so ihre Rechtfertigung, dient nur dieser »Mission«.

Anders sieht jedoch die Wirklichkeit aus: Die Weltbank, die weltweit wohl wichtigste, einflussreichste Entwicklungsinstitution, steht auf dem Prüfstand. Ihr mächtigster Anteilseigner, die USA, droht, ihren Aufgabenbereich zurückzuschneiden. Die Regierungen von Großbritannien und Norwegen reduzieren Gelder. Kleinere Mitgliedsländer, als Schuldner jahrzehntelang abhängig und bevormundet, entwickeln größeres Selbstbewusstsein und fordern mehr Mitsprache. In Ländern wie China und Indien verbessert sich die Armutsstatistik weitgehend ohne Zutun der Bank, in Afrika verschlechtert sie sich trotz ihres Einsatzes. Kein Wunder, dass sich nun Selbstzweifel über fehlende »Ergebnisse an der Basis« einstellen, wie etwa im *Global Monitoring Report* 2006, dem gemeinsamen Bilanzbericht von Weltbank und Internationalem Währungsfonds über Fortschritte bei der Armutsminderung.[1] Nicht nur »Der Spiegel« stellt die Frage, wie wirksam die Weltbank eigentlich ist,[2] sie hat auch die inneren Zirkel erreicht, die von der eigenen Qualitätsprüfung, der Evaluierungsabteilung,[3] seit Jahren ermahnt werden, die

---

[1] Global Monitoring Report 2006. Millennium Development Goals: Strengthening Mutual Accountability, Aid, Trade, and Governance, Washington DC, 2006 (World Bank)

[2] Der Spiegel, Nr. 3/15.1.2007

[3] Operations Evaluation Department, 2006 umbenannt in Independent Evaluation Group, IEG

»Entwicklungswirksamkeit« (*Development Effectiveness*) zu verbessern.

Kritik, Verunsicherung und die daraus resultierenden Forderungen nach Reformen haben eine gemeinsame Grundlage: Wirtschaftlich geht es der Bank schlecht, ihre Kredite werden insbesondere in Schwellenländern verschmäht, ihre Gewinne sind eingebrochen. Die Globalisierung treibt zumindest in einigen Ländern und Bereichen Wirtschaftswachstum und private Investitionen an und stellt die Notwendigkeit einer »Internationalen Bank für Wiederaufbau und Entwicklung« in Frage.

Immer wieder wurden ihre Wirksamkeit, Legitimation und Notwendigkeit auf den Prüfstand gestellt – von Mitgliedsregierungen, von Wissenschaft und Entwicklungsexperten, von Menschenrechtsorganisationen, von betroffenen Bevölkerungsgruppen, von Parlamenten und von Basisorganisationen. Aber immer wieder hat es die »arme Bank« – so »Der Spiegel« – geschafft, sich zu retten. Als Antwort auf die wachsenden Einsprüche und angesichts zahlreicher Fehlschläge mit weitreichenden negativen Folgen für Menschen, Umwelt und lokale Wirtschaft hat sie unablässig ihre Lernbereitschaft verkündet, Besserung versprochen und Reformen durchgeführt, um Effizienz, Transparenz und Rechenschaftspflicht zu vergrößern. Insbesondere seit Anfang der 1990er Jahre, als mit der UN-Konferenz Umwelt und Entwicklung (UN-CED) das Thema nachhaltige Entwicklung, mit dem Zusammenbruch der Sowjetunion die osteuropäischen und zentralasiatischen Transitionsländer als neue Tätigkeitsfelder auftauchten, hat sie sich scheinbar neu erfunden. Fortan trat sie auf als »grüne« Bank, als Dialogpartner, als Geburtshelfer für Kommissionen, Konferenzen und Netzwerke, als Verwalterin von 1.000 Treuhand-Fonds zu Umwelt, Gesundheit und Emissionshandel, als *Knowledge Bank* und als Saubermann im Korruptionssumpf. Sie verkündete neue Prioritäten und selbst auferlegte Aufgaben jenseits des Kreditgeschäfts wie *Good Governance*, neue Aktionspläne zu Afrika, Infrastruktur, Gesundheit und Frauen, oder rief einen Feldzug gegen Korruption aus. So versuchte sie unablässig, ihre Unentbehrlichkeit zu dokumentieren, und gleichzeitig ihre Geschäfte als Bank in Schwung zu halten.

Die in der gegenwärtigen Situation geäußerten Bekenntnisse zu Reformen und Besserung sind für die, die sich seit langem mit der Bank beschäftigen, altbekannt. Deshalb werden auch Zivilgesellschaft und nichtstaatliche Entwicklungsorganisationen zunehmend ungeduldig. Nach ihrer heftigen Kritik in den 1980er und frühen 1990er Jahren an desaströsen Großprojekten und wirtschaftspolitischen Entwicklungsauflagen für überschuldete Länder hatten sich viele von ihnen auf Partizipationsangebote, Mitwirkungsmöglichkeiten und Kooperationen eingelassen. Doch nach einem Jahrzehnt verstärkt sich der Eindruck, dass die Bank trotz zahlreicher Lippenbekenntnisse eher »Business as usual« betreibt.

Diesmal scheint die Krise tiefer und umfassender und die Kritik breiter als je zuvor. Daraus ergibt sich die Notwendigkeit, über die Rolle und die erforderlichen Veränderungen grundlegend nachzudenken. Wie kann es mit der Bank weiter gehen? Was sollen und können ihre Aufgaben sein? Wie kann sie einen wirksamen Beitrag zu Armutsminderung und nachhaltiger Entwicklung leisten? Reichen die vorliegenden Vorschläge, etwa einer gerechteren Stimmverteilung in den Entscheidungsgremien, aus, um sie effektiver zu machen? Kann sie überhaupt aus ihrer Haut? Oder ist die Weltbank überholt und gehört aufgelöst?

Voraussetzung für eine breite Diskussion dieser Fragen ist eine kritische Bestandsaufnahme der Entwicklung, insbesondere der jüngsten Reformphase seit Anfang der 1990er Jahre. Wie ist die Bank dahin gekommen, wo sie jetzt steht? Welche Auswirkungen hat ihre Politik gehabt, vor allem für die ärmeren Bevölkerungsgruppen und Länder, als deren Anwalt sie sich sieht? Warum haben alle Reformen in der Vergangenheit nur wieder zu einer neuen Krise geführt? Nicht Schnellschüsse oder gar Veränderungen, die primär durch die Eigeninteressen wichtiger Länder und Regierungen bestimmt werden, sind gefragt, sondern eine grundlegende Analyse und Debatte über die Entwicklungsrichtung, die durch die Weltbank repräsentiert und vorangetrieben wird. Diese kritische Bestandsaufnahme ihrer Politik (Kapitel 1, 2 und 3), der bisherigen Reformen und Veränderungen (Kapitel 4) und der Entscheidungsstrukturen der Bank (Kapitel 5) soll die Grundlage für eine solche Diskussion legen. Damit stellt sich auch die Frage nach der Rolle der Bundesregierung in der Bank (Kapitel 6) – welche Interessen verfolgt sie? Kann sie Fehlentscheidungen gegensteuern? Kann sie sich durchsetzen?

Maßstab dieser Bewertung sind zum einen ihre eigenen, vielfach formulierten Ansprüche, Versprechungen und Zielformulierungen, die auch weitgehend vom Bundesministerium für wirtschaftliche Entwicklung und Zusammenarbeit (BMZ) unterschrieben werden. Zentrale Bausteine dieser »neuen« Weltbankpolitik, die insbesondere durch den ehemaligen Präsidenten James Wolfensohn (1995 bis 2005) »Gesicht und Stimme« bekam, sind interne Reformen, verbindliche Umwelt- und Sozialstandards für die eigenen Projekte, Umwelt- und Ressourcenschutz, größere Transparenz, engere Kooperation mit der Zivilgesellschaft und *Ownership* durch Regierungen und Bevölkerung – mit Armutsminderung als »alles überwölbender« Zielsetzung. Ihre Politik muss sich aber auch messen lassen an weitergehenden verbindlichen Normen wie den UN-Konventionen, internationalen Menschenrechtspakten oder Empfehlungen, die von anerkannten, unabhängigen und partizipativen Gremien wie der Weltstaudamm-Kommission erarbeitet wurden.

Mit dieser Bestandsaufnahme soll der Blick gelenkt werden auf die reale Weltbankpolitik hinter der schönen Rhetorik, auf Fehlentwicklungen und Widersprüche zwischen Rhetorik und Handeln – denn gegenwärtig ist sie, trotz aller bisherigen Reformen, das Gegenteil einer demokratischen, rechenschaftspflichtigen und wirksamen Entwicklungsstrategie.

Einleitung: Eine »neue« Weltbank?

> »*Die Kunden der Bank nehmen sie wahr als eine Institution, die eine einmalige Kombination von Legitimität, institutionellen und technischen Fähigkeiten, Kenntnissen,* Advocacy *und Finanzkraft darstellt.*«
> World Bank, Water Resources Sector Strategy, 2004, 17

Hans Magnus Enzensberger nannte die Weltbank einst das »weiche Monster« – im Unterschied zum »harten Monster«, ihrer Schwesterorganisation, dem Internationalen Währungsfonds (IWF).[1] Zahlreiche Entwicklungsdesaster, die massive soziale und ökologische Verwerfungen verursachten, sind mit ihrer bisherigen Geschichte und ihrem Handeln verbunden: Umsiedlungsprogramme in Indonesien, Staudammprojekte wie Sardar Sarovar in Indien, der Bau von Überlandstraßen in Brasilien mit katastrophalen Folgen für die Amazonas-Regenwälder...[2] Diese Politik trieb, nach Auffassung vieler Kritiker, Armut, Umweltzerstörung, Überschuldung und Abhängigkeit voran.

Ins Leben gerufen wurden die »Monster« 1944 im verschlafenen Wintersportort Bretton Woods im US-amerikanischen Neuengland. Kurz vor Kriegsende wollten die Regierungen der westlichen Alliierten damit den Grundstein für die weltwirtschaftliche Nachkriegsordnung legen. Die ursprüngliche Aufgabenverteilung zwischen den Schwestern vermischte sich mit der Zeit zunehmend: Der Fonds, wie der IWF bei Eingeweihten kurz heißt, sollte die internationale Währungsstabilität sichern, die Bank den Wiederaufbau in den Ländern, die während des Kriegs zerstört wurden, sowie wirtschaftliches Wachstum und Entwicklung fördern (siehe Kasten auf Seite 17). Die Weltbankgruppe, im Besitz der Regierungen von 184 Mitgliedsländern, ist seit Jahrzehnten die wichtigste öffentliche Institution, die Entwicklungsgelder für Länder im globalen Süden bereitstellt. Neben der Internationalen Bank für Wie-

---

[1] Hans Magnus Enzensberger, Die Schamanen des internationalen Kapitals, in: GEO 3/88, 183-198

[2] Für einen knappen Überblick über die Geschichte der beiden Institutionen siehe: Burak Copur/Ann-Kathrin Schneider, IWF & Weltbank: Dirigenten der Globalisierung. 2004 (VSA); Uwe Hoering, Zum Beispiel IWF & Weltbank, Göttingen 1999 (Lamuv)

Die Weltbank – Ein Monster?

Wo der gemeine Menschenverstand nur ein Schimpfwort vermutet, helfen alte Lexika und solide Wörterbücher weiter; sie geben uns zu verstehen, daß wir es mit einer schier metaphysischen Erscheinung zu tun haben. »Etwas Wunderbares, Außerordentliches, das die Grenzen der Natur überschreitet«, heißt es dort; »eigentlich in der Religionssprache ein Wahrzeichen der Götter«, freilich auch »ein unerhörtes, entsetzliches Verfahren«, »ein Vorzeichen, ein böses Omen«.

Das Wort Monstrum leitet sich vermutlich von *monere* ab, einem lateinischen Verb, das soviel wie warnen bedeutet; und erst später hat man darunter verstanden »ein imaginäres Wesen, halb Tier, halb Mensch, zusammengesetzt wie eine Chimäre, wobei außerdem die Vorstellung enormer Größe und Wildheit eine Rolle spielt. Zusammensetzungen wie *a monster of perfection* zielen auf einen unglaublichen, unnatürlichen, ja sogar abstoßenden Grad von Vollkommenheit«.

Quelle: Hans Magnus Enzensberger, 1988

deraufbau und Entwicklung (IBRD), die in Bretton Woods gegründet wurde, umfasst die Weltbankgruppe heute u.a. die 1960 geschaffene *International Development Agency* IDA, die vorrangig zinsgünstige Mittel für die ärmsten Länder vergibt, die Finanzierungsgesellschaft IFC, die privatwirtschaftliche Großprojekte finanziert, und die Bürgschaftsagentur MIGA, die Geschäfte privater Unternehmen fördert.

In diesen ersten Jahrzehnten unterstützte die Weltbank vor allem den Aufbau staatlicher, öffentlicher Unternehmen und Großprojekte mit einem hohen Investitionsbedarf in den nicht-kommunistischen Ländern – als ein Instrument im Kalten Krieg. Viele ihrer Regierungskunden strebten einen Entwicklungsweg mit staatlicher Planung, wirtschaftlicher Unabhängigkeit und dem Aufbau einer starken einheimischen Wirtschaft – sowohl staatlich als auch privat – an, die die Abhängigkeit von Importen und Konzernen aus den Industrieländern verringern würde. Der »Entwicklungsstaat« war nicht nur zuständig für die Bereitstellung öffentlicher Güter wie eine angemessene Infrastruktur, ein funktionierendes Bildungs- und Gesundheitswesen, Gesetze, Justiz, Polizei und Militär, sondern auch für kapitalintensive Großprojekte wie Bewässerungssysteme, die Schwerindustrie und Kraftwerke.

Bereits in den 1960er Jahren setzte die Weltbank ebenso wie viele Regierungen in Entwicklungsländern auf die Wachstumstheorie nach der Gleichung: Wachstum = Fortschritt = Entwicklung = Glück für alle.[3] Die platte und durch Erfahrungen und Wissenschaft seither mehrfach widerlegte These vom »trickle-down-Effekt« hat als Rechtfertigung die Politik der Weltbank – in unterschiedlichem Gewand – seit dieser Zeit geleitet. Die Idee ist einfach: Positive Wachstumseffekte »sickern« von den Reichen, die als erste davon profitieren, mit der Zeit auch »nach unten« zu den Armen durch, etwa indem die Reichen ihre Gewinne investieren und damit Arbeitsplätze und weiteres Wirtschaftswachstum schaffen.

Im August 1982 erklärte sich Mexiko für zahlungsunfähig. Das markierte den Ausbruch der »Schuldenkrise«. Seit Anfang der 1970er Jahre hatte sich eine massive Überschuldung zahlreicher Entwicklungsländer aufgebaut, nicht zuletzt auf Betreiben der Weltbank, die durch externe Kreditaufnahme und ausländische Investoren Wachstum und Wirtschaft anzukurbeln hoffte. Das bedrohte die globale Finanzstabilität und die Geschäfte der kreditgebenden Banken. Auf einmal veränderte sich das Kräfteverhältnis zwischen der Bank und ihren Kunden: Die Überschuldung wurde zum Hebel für die Bank und ihre Schwester IWF, ihre Vorstellungen über die wirtschaftliche Entwicklung in den Gläubigerländern durchzusetzen. Schuldenerleichterungen und neue Gelder wurden »konditionalisiert«, das heißt, sie wurden an die Bedingung geknüpft, weitreichende »Strukturanpassungen« durchzuführen, um die wirtschaftliche Dynamik durch den Zufluss neuer öffentlicher Entwicklungshilfekredite und privater Kapitalzuflüsse wieder anzukurbeln – die »Kunden« wurden sozusagen zu Weisungsempfängern der internationalen Finanzinstitutionen.

Die Bestandteile des Rezepts, das gemeinhin als »Washington-Konsens« bezeichnet wird, wurden als wirtschaftspolitisches Leitbild und Strategie für alle Entwicklungs- und später für die Transformationsländer begriffen. Mit geringen Unterschieden sah dieses Reformpaket für alle Länder gleich aus (»one size fits all«): Liberalisierung des Handels und der Wechselkurse, Privatisierung staatlicher wirtschaftlicher Aktivitäten, Finanzstabilität, Inflationsbekämpfung und Kürzungen in den Staatsausgaben. Um den freien Zufluss von Kapital für Investitionen auszuweiten, gehörten dazu auch der Abbau von Kapitalverkehrskontrollen und Importzöllen, mit denen sich viele Entwicklungsländer bis

---

[3] Jean Ziegler, in: Le Monde Diplomatique, October 2002, 23

dahin gegen ausländische Konkurrenz geschützt und den Aufbau einer einheimischen Wirtschaft gefördert hatten.

> *»Die Macht der Weltbank beruht nicht nur auf ihrem eigenen Geld. Ihre Macht besteht darin, dass sie sozusagen gemeinschaftlich von allen Gläubigern als Polizist der Weltwirtschaft eingesetzt wurde. Und genauso, wie man für einen Arbeitsplatz ein Führungszeugnis von der Polizei braucht, muss ein Land für jeden Kredit einer privaten Bank ein Welt-Führungszeugnis von der Weltbank vorweisen.« (Roberto Bissio, NGO-Vertreter aus Uruguay, 1998)*

Die 1980er Jahre mit ihren klassischen Strukturanpassungsprogrammen gingen in die Geschichte als »verlorenes Jahrzehnt« ein. In Lateinamerika schrumpfte die Wirtschaft dramatisch. In Afrika ging ein Teil der Entwicklungserfolge der vorangegangenen Jahre wieder verloren. Die Maßnahmen des *Washington Consensus* wurden heftig kritisiert: Sie würden politische Prozesse in den Ländern aushöhlen und soziale und ökologische Schäden verursachen. Die Kritik kulminierte Ende der 1980er Jahre in großen Demonstrationen wie 1988 in Berlin. Und in der Kampagne »50 Jahre sind genug«,[4] die Mitte der 1990er Jahre mit ihren schwerwiegenden und gut belegten Vorwürfen, dass die Bank die Armut in den Entwicklungsländern eher verschärft und die Umweltauswirkungen der Bankprojekte nicht mehr hinnehmbar seien, eine breite öffentliche Mobilisierung erreichte.[5] Auch die Kritik aus dem konservativen politischen Lager wuchs, insbesondere aus US-Regierung und -Parlament, die mangelnde Effizienz und Bürokratie beklagten und angesichts der gestiegenen privaten Investitionen in den Entwicklungsländern, die sich seit 1980 vervielfacht hatten, weitere Weltbank-Hilfe für überflüssig hielten.

Seither hat sich die Weltbank geschickt aus der Schusslinie gebracht. »Unsere Mission: unseren Kunden zu dienen«, verkündete Mitte der 1990er Jahre ein Plakat in einem Büro der Weltbank in Washington.

---

[4] 50 Jahre sind genug. Wir brauchen eine neue Politik! Weed Memorandum zum 50. Jahrestag der Bretton Woods Institutionen IWF und Weltbank, Bonn, Juni 1994

[5] Von den zahlreichen Studien, die die negativen Auswirkungen der Strukturanpassungspolitik in den 1980er und 1990er Jahren nachweisen, siehe zum Beispiel SAPRIN, The Policy Roots of Economic Crisis and Poverty, April 2002 (www.saprin.org); Bruce Rich: Die Verpfändung der Erde – Die Weltbank, die ökologische Verarmung und die Entwicklungskrise. Stuttgart 1998

»Wir verpflichten uns, Dienstleistungen höchster Qualität zu liefern«, versprach ein anderes. Mit solchen Appellen versuchte James Wolfensohn (vormals Spitzenmanager der Investment-Bank Salomon Brothers) nach seinem Amtsantritt 1995 die Mitarbeiter anzustacheln. Zu seinen selbst erklärten Prioritäten gehörte, eine »ergebnisorientierte Kultur« in der schwerfälligen Organisation einzuführen. Armutsminderung als »zentrales Mandat und wichtigster Unternehmensauftrag« wurde zum Kernanliegen erklärt, *Gender mainstreaming* zum durchgängigen Auftrag, alle Projekte und Programme auf ihre Auswirkungen auf Frauen zu überprüfen. Und »die Bank muss ihre Werte ändern«, erklärte Wolfensohn, »von Arroganz zum Zuhören, von Paternalismus zu Professionalismus«.

Wolfensohn öffnete die Türen weit für die bis dahin eher als Feinde behandelten NGOs. Er lancierte zusätzlich zur Armutsbekämpfung eine Entschuldungsinitiative. Zivilgesellschaft und NGOs wurden durch Gremien wie die Weltstaudamm-Kommission und SAPRI,[6] die Initiative zur Überprüfung der Strukturanpassungsprogramme, eingebunden, in denen Befürworter und Kritiker, Banker, Politiker und Wirtschaft gemeinsam eine selbstkritische Bestandsaufnahme der Weltbankpolitik durchführten. Informationen über Projekte, Politik und Auswertungen wurden der Öffentlichkeit zugänglich gemacht, Dialog und Partizipation groß geschrieben. *Good Governance* und Korruptionsbekämpfung rückten in den 1990er Jahren in der immer länger werdenden Liste der verkündeten Zielsetzungen gegenüber Wirtschaftswachstum und Liberalisierung in den Vordergrund.

Bereits einige Jahre zuvor hatte sich die Weltbank das Prinzip einer »nachhaltigen Entwicklung«, wie es anlässlich der UN-Konferenz Umwelt und Entwicklung, UNCED, 1992 in Rio de Janeiro popularisiert worden war, zu eigen gemacht und unter anderem eine hochrangige Abteilung für ökologisch und sozial nachhaltige Entwicklung, ESSD, ins Leben gerufen. Als Verwalterin der Globalen Umweltfazilität (GEF) hat sich die Bank zudem ein »grünes« Standbein zugelegt, als *Knowledge Bank* verspricht sie objektive, wissenschaftliche Beratung. Ihre neue Botschaft: Geld ist zwar wichtig – aber nicht die Hauptaufgabe.

Die Finanzkrisen in mehreren Schwellenländern in Asien, Russland und Lateinamerika Ende der 1990er Jahre boten zudem die Gelegenheit,

---

[6] Structural Adjustment Participatory Research Initiative

sich öffentlich vom diskreditierten »Washington-Konsens« loszusagen. Während der IWF und sein damaliger Chef Michel Camdessus heftig dafür kritisiert wurden, dass sie als Gegenleistung für ihre Hilfe weitere tiefgreifende wirtschaftspolitische Veränderungen verlangten, distanzierte sich Joseph E. Stiglitz, damals Chef-Ökonom der Weltbank, öffentlich von der Schwester und stellte den »Washington-Konsens« in Frage. »Wir dürfen uns nicht so stark von Standardformeln beeinflussen lassen.«

Natürlich sind die beiden Geschwister-Institutionen nicht für alle Krisen, Probleme und Fehlentwicklungen der vergangenen Jahrzehnte allein verantwortlich – ebenso wenig wie für die Entwicklungserfolge. Doch haben sie eine Schlüsselrolle. Sie sitzen wie Spinnen im Netz des Geschäfts, das »Entwicklung« genannt wird. Arbeitsteilig und gemeinschaftlich ziehen sie Fäden, lenken Geldflüsse und setzen (wirtschafts)politische Entscheidungen durch. Einige tausend Bürokraten, Ökonomen und Banker entscheiden über das Schicksal von Regierungen, von Ländern, von Millionen Menschen.

In der Eingangshalle der Weltbank-Zentrale in Washington, die unweit der IWF-Zentrale und nur einige Minuten entfernt vom Weißen Haus und Capitol Hill liegt, steht in großen Buchstaben ihr *Mission statement*: »Unser Traum ist eine Welt ohne Armut«. Wie ein moderner, neuzeitlicher Robin Hood sollte die Weltbank das Geld der Reichen nehmen und zinsgünstig an die Armen weiterleiten. Modern an diesem Transferprinzip war allerdings auch, dass es nicht ganz uneigennützig war – so wollten die Reichen unterschiedlichster Couleur und auch die Weltbank selbst stets daran verdienen, im materiellen wie im politischen Sinne. Anfangs ahnte wohl noch niemand, dass dieser Anspruch, Gutes zu tun, zur Achillesferse, zum ständigen Stachel im Fleisch der Weltbank werden sollte: Sie wurde nicht nur an Kreditvolumen, Wachstumsraten und prestigeträchtigen Großprojekten gemessen, sondern auch daran, was sie für die Armen brachte. Und mit der Zeit kamen weitere Indikatoren dazu – die Rechte indigener Völker, die Umwelt, die Geschlechtergerechtigkeit, die Demokratisierung...

»Und so stellt sich das weiche Ungeheuer als vollendetes Paradox dar«, schreibt Enzensberger: eine philanthropische Bank, ein Vertreter des internationalen Kapitals, der als Freund und Helfer der Armen auftritt, ein profitorientiertes Unternehmen, das sich selbstlos gibt.

Es sieht so aus, als ob sich die Weltbank in den vergangenen Jahren grundlegend verändert hat. Aus dem »weichen Monster«, von dem

Hans Magnus Enzensberger 1988 sprach, scheint seither ein »Welten-retter« (Der Spiegel) geworden zu sein, eine selbstlose Institution, die durch den Anspruch gekennzeichnet ist, den Ländern des Südens, ins-besondere den ärmsten Ländern, bei einer selbstbestimmten, sozial, wirtschaftlich und ökologisch nachhaltigen Entwicklung zu helfen. Doch hat diese Mutation tatsächlich stattgefunden? Ist die »neue« Weltbank, die Armutsminderung, *Good Governance*, Umweltschutz und Korrup-tionsbekämpfung in den Vordergrund ihrer Tätigkeit stellt, tatsäch-lich so anders als die »alte«, die nicht nur von zivilgesellschaftlichen Entwicklungsorganisationen, sondern auch von Entwicklungsexperten in Regierungen, Wissenschaft und UN-Organisationen als zu groß, zu schwerfällig, zu anmaßend, zu ineffizient und vor allem als zu erfolglos bei der Bekämpfung der Armut kritisiert wurde?

Kleine Einführung in die Bretton-Woods-Institutionen

Die Weltbank wurde, gemeinsam mit dem Internationalen Währungs-fonds (*International Monetary Fund*, IMF), 1944 in Bretton Woods, USA, von den westlichen Alliierten ins Leben gerufen, um zinsgünstige Kre-dite an die während des Kriegs zerstörten Länder in Europa zu geben. Sie besteht aus der *International Bank for Reconstruction and Deve-lopment* (IBRD) und der 1960 geschaffenen *International Development Association* (IDA). Zur Weltbankgruppe (WBG) gehören außerdem die Finanzierungsgesellschaft *International Finance Corporation* (IFC) und die Bürgschaftsagentur *Multilateral Investment Guarantee Agen-cy* (MIGA), die die Entwicklung privater Unternehmen fördern sollen – die IFC durch Kredite und Kapitalbeteiligungen, die MIGA mit Ver-sicherungen gegen politische und wirtschaftliche Risiken – sowie das *International Center for the Settlement of Investment Disputes* (ICSID), vor dem Investitionsstreitigkeiten geregelt werden. Die WBG hat mehr als 11.000 Beschäftigte, davon ein Drittel in über 100 Auslandsbüros – und gibt darüber hinaus einem Heer von Consulting-Firmen Aufträge.

Die Dienstleistungen, die die Weltbank ihren Mitgliedsländern an-bietet, unterteilen sich in verschiedene Kategorien:

- Anpassungs- oder Entwicklungs-Kredite, um Reformen der Regie-rung zu unterstützen (meist als Budgethilfe), in die gegenwärtig knapp 30% der vergebenen Finanzmittel fließen,
- Investitionskredite für konkrete Projekte in Bereichen wie Infrastruk-tur, Gesundheit, Bildung usw., die das »Brot-und-Butter«-Geschäft der Bank darstellen und etwa 70% der Mittelvergabe ausmachen,

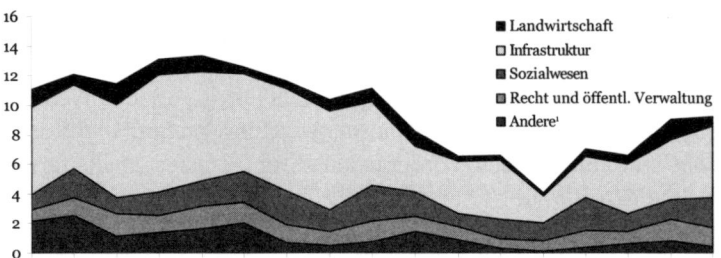

Abbildung 1: Mittelverteilung der Weltbank (IBRD)
nach Schlüsselbereichen in Mrd. US-$ (Finanzjahr 1990-2006)[2]

Legende:
■ Landwirtschaft
□ Infrastruktur
■ Sozialwesen
▨ Recht und öffentl. Verwaltung
■ Andere[1]

x-Achse: FY90 FY91 FY92 FY93 FY94 FY95 FY96 FY97 FY98 FY99 FY00 FY01 FY02 FY03 FY04 FY05 FY06

[1] Einschließlich Finanzwesen, Industrie, Handel
[2] Ohne Bürgschaften
aus: Strengthening the World Bank's Engagement with IBRD Partner Countries, Washington DC, September 7, 2006 (Development Committee), 37

■ Forschung und Beratung, was unter anderem globale Politikforschung wie den alljährlichen *World Development Report,* die Analyse von Entwicklungsprozessen (etwa *Best practices*) und technische Unterstützung für Regierungen umfasst.

Vielfach ist die Kreditvergabe an Bedingungen zu makroökonomischen Reformen wie etwa Inflationsbekämpfung und freie Wechselkurse oder Sektorreformen wie Handelsliberalisierung oder Privatisierung gebunden. Die Auszahlung hängt von der Umsetzung von Reformmaßnahmen, die in Kreditvereinbarungen und Abkommen geregelt sind, durch die Regierung ab (»Konditionalisierung«).

Die Weltbank finanziert sich durch Kapitaleinlagen ihrer Mitgliedsregierungen, Einnahmen aus der Kreditvergabe und aus IFC-Investitionen sowie aus freiwilligen Beiträgen der wohlhabenderen Länder, insbesondere für die IDA. Die Kapitaleinlagen, die auch die Stimmrechte festlegen, richteten sich ursprünglich nach der wirtschaftlichen Bedeutung der Mitgliedsländer. Nur ein Teil dieses Kapitals fließt an die Bank, den Rest nutzt sie als Sicherheit für Anleihen, um am privaten Kapitalmarkt Geld aufzunehmen. Der größte Teil der Bankgeschäfte (insbesondere IFC- und IBRD-Kredite) ist also privat finanziert. Zusätzlich zu ihren Einlagen machen einzelne Länder, darunter auch Deutschland, erhebliche freiwillige Zahlungen an die Weltbank, etwa für Treuhand-Fonds, Entschuldungsfonds oder für technische Unterstützung und Beratung einkommenschwacher Länder.

Im Finanzjahr 2005 (Juli 2004 bis Juni 2005) hat die Weltbank (also IDA und IBRD) 22,3 Mrd. US-Dollar an Krediten, Zuschüssen und Garantien zugesagt. Im Finanzjahr 2006 stiegen die Zusagen auf 23,6 Mrd. US-Dollar, 6% bzw. 1,3 Mrd. mehr als im Vorjahr. Der größte Teil entfiel auf Investitionen (16,3 Mrd. US-Dollar), 31% bzw. 7.3 Mrd. US-Dollar, auf Programme und Budgethilfe (*policy based operations*). Die größten Kreditnehmer waren Mexiko und Brasilien, gefolgt von der Türkei, Pakistan, China, Indien und Argentinien. Aber auch die Zusagen für Afrika stiegen um 23% und machten mit 4,8 Mrd. US-Dollar rund 20% der gesamten Zusagen aus.[1]

Von den Zusagen im Finanzjahr 2006 betrugen die IBRD-Kreditzusagen, die weitgehend zu marktüblichen Konditionen vergeben werden, 14,1 Mrd. US-Dollar, der höchste Betrag in den vergangenen sieben Jahren. Sektoral an der Spitze lagen Zusagen für Energie und Transport, gefolgt vom Finanzsektor und öffentlicher Verwaltung.

Der Anteil der IDA-Zusagen an die 81 ärmsten Länder mit einen Pro-Kopf-Bruttoinlandsprodukt von weniger als 1.025 US-Dollar, die entweder zinsgünstige (»weiche«) Kredite oder Zuschüsse erhalten, stieg auf 9,5 Mrd. US-Dollar, der höchste Stand in der Geschichte der Organisation, die Auszahlungen stagnierten allerdings bei 8,9 Mrd. US-Dollar. Etwa die Hälfte davon floss nach Afrika. Sektoral steht »ländliche Entwicklung« mit 15% an erster Stelle, gefolgt von Transport und Wirtschaftsreformen mit je 10%. 28% entfielen auf Budgethilfe.

Die Finanzierungsinstitution IFC ist seit Jahren auf Expansionskurs. Finanzierungszusagen stiegen 2006 gegenüber dem Vorjahr um 50% auf 6,7 Mrd. US-Dollar, wobei der Finanzsektor mit 43% den Investitionsschwerpunkt bildet. Die Aktivitäten konzentrieren sich auf wenige Länder. So entfielen 2004 53% ihrer Kredite auf Geschäfte in nur zehn Ländern, darunter Türkei, Russland, China und Südafrika. Auch hat sie eine Vorliebe für Großprojekte: 25% ihres Investitionsvolumens wurden 2004 für nur zehn Projekte aufgewandt.

Außerdem verwaltet die Weltbank fast 1.000 Treuhand-Fonds wie etwa den *Global Fund for Aids, TB and Malaria* und die Globale Umweltfazilität GEF mit einem Gesamtvolumen von rund 10 Mrd. US-Dollar. Die Auszahlungen sind von 1,8 Mrd. US-Dollar 2001 auf rd. 4,5 Mrd. 2006 gestiegen.

[1] World Bank's Lending Commitments Reach New Records. The World Bank News & Broadcast, August 4, 2006

Kapitel 1:
»Geschäftsziel« Armutsminderung

»Die Förderung von Investitionen durch den privaten Sektor
stand mindestens seit 1991 im Zentrum der Bankstrategie für
nachhaltiges Wachstum und Armutsreduktion. Durch ein günstiges
Geschäftsumfeld sollen Investitionen gesteigert und dadurch
Arbeitsplätze geschaffen und die Einkommen der Armen verbessert
werden.«
Evaluierungsabteilung der Weltbank, 2005[1]

Eine der zentralen Grundüberzeugungen der Weltbank lautet: Wachstum ist die entscheidende Triebkraft für Armutsminderung. Die
Wirtschaftsstatistiker der Bank haben errechnet, dass der Anteil der
Menschen, die von weniger als einem US-Dollar am Tag leben, durchschnittlich um 2% verringert wird, wenn das Pro-Kopf-Einkommen um
1% zunimmt.[2] Als Haupttriebkraft für armutsminderndes Wachstum
gelten privatwirtschaftliche Investitionen. Von diesen wird erwartet,
dass sie die Lücken im Staatshaushalt decken, die durch Schuldendienst
und Stabilisierungsauflagen gerissen werden. Des weiteren behauptet
sie, private Unternehmen seien zudem effizienter als öffentliche Unternehmen und würden besseres Management und Innovation bringen.
Daher steht die Förderung des privaten Sektors ganz oben auf der Agenda der Weltbank – angefangen von der Privatisierung von Staatsbetrieben und öffentlichen Dienstleistungen über Gesetze zur Sicherung von
Eigentumsrechten und einem unternehmensfreundlichen Arbeitsrecht
bis hin zur Freizügigkeit von Kapital- und Gewinntransfer.
   Eine umfassende Handelsliberalisierung ist die zweite wichtige wirtschaftspolitische Maßnahme, von der ein positiver Beitrag zu Wachstum, Wohlstand und Armutsminderung erwartet wird. Der Abbau von
Zöllen, Tarifen und hinderlicher Bürokratie soll Anreize schaffen für In-

---

[1] OED, 2004 Annual Review of Development Effectiveness. The World Bank's Contribu-
tions to Poverty Reduction. 2005, 27
[2] Siehe Jan Priewe, Kehrtwende bei der Weltbank? In: Informationsbrief W & E 6-7/
Juni-Juli 2005, 1

vestitionen, Innovationen, Produktivitätssteigerungen und Kostensenkungen. Den Verbrauchern verspricht die Weltbank davon niedrigere Preise, den Regierungen mehr Deviseneinnahmen durch steigende Exporte, mit denen diese wiederum Auslandsschulden abtragen und die Einfuhr von Konsumgütern, Maschinen und Know-how bezahlen können. Die Erwartungen an den positiven Beitrag der Handelsliberalisierung zur Armutsminderung werden unter anderem durch das Argument gestützt, dass in vielen Entwicklungsländern die Mehrzahl der Armen im Agrarsektor tätig ist, wo handelsverzerrende Rahmenbedingungen wie Schutzzölle und Regierungsunterstützung für Produzenten, etwa durch Subventionen, oft besonders hoch sind. Die Liberalisierung würde diese Praxis beenden, könne so zu höheren Agrarpreisen auf dem Weltmarkt führen und Produktivität und Einkommen im Agrarbereich auch der Entwicklungsländer verbessern.

1. Kommerzialisierung, Privatisierung und die Beteiligung des privaten Sektors[3]

Nachdem die Weltbank bis in die 1970er Jahre hinein vor allem den Aufbau des staatlichen, öffentlichen Sektors unterstützt hatte, vollzogen sie und der IWF Anfang der 1980er Jahre den Schwenk zu Strukturanpassung und wirtschaftlicher Liberalisierung, um die Bedingungen für eine marktwirtschaftliche Entwicklung und Investitionsmöglichkeiten für private Konzerne aus den Industrieländern sowie für Banken und Finanzinstitutionen zu schaffen. Das Paket politischer Reformen, die die internationalen Finanzinstitutionen als Voraussetzung für weitere Kredite den überschuldeten Ländern abverlangten, sollte die wirtschaftlichen Wachstumsraten steigern, den Lebensstandard verbessern und die Regierungen in die Lage versetzen, die Schulden zurückzuzahlen.

Zunächst wurden Fabriken, der Bergbau und Banken privatisiert. Damit brach allerdings oft auch die Infrastruktur – Straßen, Wasserversorgung, Schulen, Krankenstationen – , die von den Staatsunternehmen mitfinanziert wurde, zusammen, wie in Sambia nach der Privatisierung

---

[3] Die Weltbank versteht unter privatem Sektor in der Regel große, kommerzielle, oft auch ausländische Unternehmen, auf deren Förderung ihre Politik vorrangig zielt, nicht die Klein- und Mittelbetriebe, Handwerker, Kleinbauern oder gar den informellen Sektor.

des Kupferbergbaus ab 1992. Abhilfe versprach die Weltbank durch noch mehr Privatisierung der öffentlichen Dienstleistungen und der Bereiche der Daseinsvorsorge wie Wasser, Gesundheit und Bildung.[4] Seit drei, vier Jahren ist mit dem Anspruch, »die ländlichen Armen zu erreichen«, einer der letzten weißen Flecken auf der wirtschaftlichen Landkarte ins Visier der Privatisierungspolitik geraten – die Landwirtschaft.[5] Neben der Übertragung von staatlichen Betrieben oder Aufgaben an private Unternehmen wird die Privatisierung auch durch andere Instrumente wie Kostendeckung, Nutzergebühren und die Dezentralisierung vorangetrieben bzw. gefördert.

Im Gefolge der Liberalisierung und Privatisierung stiegen die privaten Auslandsinvestitionen erheblich, die Konzerne aus den Industrieländern kauften sich in Bergwerke, Banken und Stahlfabriken ein und weiteten ihre Kontrolle über zahlreiche Wirtschaftsbereiche aus. Die Auslandsinvestitionen flossen größtenteils nur in einige wenige, profitable Sektoren wie die Telekommunikation und in einige profitversprechende Länder, insbesondere Schwellenländer wie Brasilien, Chile, Argentinien oder China, nicht aber in die ärmeren Länder, etwa in Afrika.

Mit der Privatisierung hat die Weltbank die Erwartung verbunden, dass dadurch die Entwicklung in Schwung kommt und die Versorgung der Bevölkerung mit Gütern und Dienstleistungen verbessert wird. So drängte sie zahlreiche Länder, staatseigene Banken privatisieren.[6] In den meisten Fällen werden diese von ausländischen Finanzinstitutionen aufgekauft. In der Theorie wird davon ausgegangen, dass ausländische Banken aufgrund größerer Kapitalkraft, Managementerfahrung und politischer Unabhängigkeit besser geeignet sind, die Finanzdienstleistungen in sich entwickelnden Ökonomien bereit zu stellen.

Eine Studie des IWF zeigt allerdings, dass bei der Übernahme durch eine ausländische Bank die Kreditvergabe massiv sinkt, verbunden mit einer starken Verringerung der Zahl der Konten und Filialen je Ein-

---

[4] Nancy Alexander, Tim Kessler, The Drive to Privatize Basic Services in Developing Countries, 2006 (BIC, IFI Info brief No 4, July 2006)

[5] World Bank, Reaching the Rural Poor. A Renewed Strategy for Rural Development. Washington D.C. 2003

[6] Christian Aid, Challenging Conditions, July 2006, 8; siehe auch SAPRIN, The Policy Roots of Economic Crisis and Poverty, April 2002, Executive Summary, Kapitel 3: Financial Sector Liberalization, Effects on Production and the Small Enterprise Sector (Beispiele aus Bangladesh, Ecuador, El Salvador und Simbabwe) www.saprin.org/SAPRIN_Exec_Summ_Eng.pdf.

wohner.[7] Nachdem in Mosambik 1996 zwei große Banken privatisiert wurden, gingen die finanziellen Dienstleistungen für die ärmeren Bevölkerungsgruppen dramatisch zurück. Mehr als die Hälfte der Filialen in ländlichen Regionen wurden geschlossen. Die Kreditvergabe an bäuerliche Betriebe ist innerhalb von fünf Jahren um ein Viertel gefallen. Das ist darauf zurückzuführen, dass Banken mit geringen Kenntnissen der lokalen Bedingungen zögern, Geld an den informellen Sektor oder an kleine Unternehmen, die das Rückgrat des privaten Sektors in armen Ländern sind, zu vergeben. Stattdessen halten sich die ausländischen Banken lieber an die Großunternehmen als Kunden, während die anderen durch hohe Kreditzinsen abgeschreckt werden. Dabei ist es klar, dass ein Zugang zu Krediten – gerade für die kleinen Unternehmen – wichtig für Armutsminderung und zukünftige Entwicklung ist.[8]

Die partizipative Studie der Auswirkungen der Strukturanpassungspolitik, SAPRI, kommt denn auch zum Ergebnis, dass die Privatisierung keine erkennbaren positiven Auswirkungen auf Effizienz oder Wachstum gehabt hat, wohl aber den Ausverkauf an ausländische Eigentümer beschleunigte und lediglich einer kleinen Gruppe, die bereits privilegiert war, genutzt hat.[9] Auf der anderen Seite hatten die Maßnahmen hohe soziale Kosten. So gingen zahllose Arbeitsplätze verloren, etwa durch die Privatisierung öffentlicher Unternehmen. Nach einer Studie des IWF »(zeigen) die empirischen Daten, dass mit Privatisierung in der Tat eine signifikante Verringerung in der Beschäftigung einherging«.[10]

Auch die Privatisierung der städtischen Wasserversorgung wurde in den 1990er Jahren von der Weltbank vorangetrieben, nicht zuletzt aufgrund des Interesses großer europäischer Versorgungskonzerne wie Suez, Veolia und Thames Water, sich neue Tätigkeitsfelder zu erschließen. Versprochen wurde, dass die Konzerne die oftmals maroden öffentlichen Versorgungssysteme durch hohe Investitionen und besseres Management sanieren und die Versorgung ärmerer Bevölkerungsgruppen, die oftmals keinen Zugang zum Netz hatten, verbessern würden. In Wirklichkeit blieben die versprochenen Investitionen aus, trotz hoher

---

[7] Enrica Detragiache, Thierry Tressel and Poonam Gupta, Foreign Banks in Poor Countries: Theory and Evidence. IMF working paper WP/06/18, January 2006

[8] Christian Aid, Challenging Conditions, July 2006, 8f

[9] SAPRIN, The Policy Roots of Economic Crisis and Poverty, April 2002

[10] Zitiert bei World Development Movement, Out of time. The case for replacing the World Bank and IMF, September 2006, 22

Gehälter waren die ausländischen Manager nicht effizienter als städtische Angestellte, und die Zahl der Menschen, die neu an Trinkwasserleitungen und Kanalisation angeschlossen wurden, stieg weit weniger, als vollmundig angekündigt worden war. Dafür stiegen aufgrund der geforderten Kostendeckung durch die Verbraucher die Wassernutzungsgebühren. Antonio Estache, Infrastruktur-Experte der Weltbank, stellte fest, dass bei privatisierten Versorgungsunternehmen »Effizienzsteigerungen häufig zu Lasten armer Menschen und armer Gebiete gingen«.[11] Trotzdem zogen sich die meisten Konzerne bald wieder aus vielen Projekten und Städten zurück, weil die Renditen, die sie mit Investitionen in die Versorgung armer Bevölkerungsgruppen im Süden machen konnten, zu niedrig waren. Nemat Safik, Weltbank-Vizepräsidentin für Infrastruktur, räumte im März 2003 ein: »Wir waren zu optimistisch, was die Bereitschaft betrifft, in diesen Ländern zu investieren.«

Wie im städtischen Wasserversorgungsbereich führte die Weltbank auch in anderen Dienstleistungsbereichen »Nutzergebühren« ein, um die staatlichen Haushalte zu entlasten und Voraussetzungen für eine Beteiligung privater Unternehmen zu schaffen. Seit Beginn der 1980er Jahre waren solche »user fees« für Krankenhäuser, Gesundheitsstationen und Grundschulen eine der Konditionen für Weltbankprogramme im Gesundheits- und Bildungsbereich. Allerdings hätten sich solche »marktorientierten Lösungen als ein Mittel, um Beschränkungen öffentlicher Dienstleistungsunternehmen zu überwinden«, meist nicht bewährt, so eine Studie für das *International Poverty Centre* beim UN-Entwicklungsprogramm UNDP.[12] Im Gegenteil: die Einführung einer Politik der Vollkostendeckung könne ernsthaft das Erreichen der Millennium-Entwicklungsziele in Frage stellen.

Während Regierungen im Rahmen der Haushaltskonsolidierung ihre Gesundheits- und Bildungsausgaben verringern mussten, steigerte die Weltbank ihre Finanzmittel für diese Bereiche[13] und kann dabei sogar auf

---

[11] Antonio Estache, PPI Partnerships versus PPI Divorces in Developing Countries. World Bank, January 2005, zitiert bei Nancy Alexander, Souveränitätsverluste: Die Auswirkungen von Dezentralisierung, Privatisierung und Liberalisierung, in: Social Watch Report Deutschland 2006, 27

[12] Kate Bayliss, Tim Kessler, Can Privatisation and Commercialisation of Public Services help achieve the MDGs? An Assessment, International Poverty Centre, July 2006, Working paper nr. 22 (UNDP)

[13] IEG, From Schooling Access to Learning Outcomes: An Unfinished Agenda. An Evaluation of World Bank Support to Primary Education. 2006

Gebühren im Bildungswesen

Zahlreiche Studien weisen nach, dass Nutzergebühren den Zugang ärmerer Bevölkerungsgruppen zu Basisdiensten verringern.[1] Inbesondere die Kinder ärmerer Familien und da wiederum Mädchen werden dadurch vom Schulbesuch abgehalten. Die UN-Organisation für Handel und Entwicklung, UNCTAD, etwa kritisiert, dass durch Gebühren »Marktmechanismen eine unangebrachte Bedeutung bekommen«.[2] Auch David Archer, Mitglied des Berater-Panels einer jüngst veröffentlichten Studie über die Weltbankpolitik im Grundschulbereich, klagt, dass »es eine offenkundige Verletzung des grundlegenden Rechts auf Bildung darstellt, wenn Kinder für den Grundschulbesuch zahlen müssen«.[3] Nach heftiger Kritik besteht die Bank offiziell nicht länger auf einer Einführung von Nutzergebühren für Bildung und Gesundheit. Dennoch sind viele Gemeinden aufgrund von Einschnitten im Staatshaushalt weiterhin auf die Gebühren angewiesen, um Schulen oder Krankenhäuser zu finanzieren. Auch die Weltbank selbst fördert sie nach wie vor indirekt, indem sie in Studien den Eindruck erweckt, dass bei ihrer Abschaffung die schulische Qualität sinken würde.

[1] Simms et al., The bitterest pill of all: The collapse of Africa's health systems. Save the Children. London, May 2001; Arhin-Tenkorang, A., Mobilizing resources for health: The case of user fees revisited. Centre for International Development at Harvard University. Working Paper No. 81. December 2001

[2] UNCTAD, Economic Development in Africa: From adjustment to poverty reduction: What is new? United Nations, New York and Geneva. 2002

[3] IEG, From Schooling Access to Learning Outcomes: An Unfinished Agenda. An Evaluation of World Bank Support to Primary Education. 2006 (World Bank)

Erfolge verweisen. In vielen Entwicklungsländern finanzierte sie den Bau und den Unterhalt für Schulgebäude und Gesundheitszentren. In Ostafrika koordinierte sie eine Geberinitiative zur Bekämpfung der Flussblindheit. Mit Weltbankgeldern gelang es, die Einschulungsquote in Ghana um 10% zu steigern und die Unterrichtsqualität zu verbessern.[14]

Die weltbankinterne Evaluierungsabteilung OED kommt aber letztlich zu dem Ergebnis, dass »steigende Ausgaben nicht sicherstellen, dass die Dienstleistung auch die Armen erreicht«.[15] So wurden zwar quantitative, physische Ziele von Weltbankprojekten wie der Bau von Infrastruktur und Gebäuden meist erfüllt, qualitative und nachhaltige

[14] Christian Aid, Challenging Conditions, July 2006, 13
[15] Annual Report on Development Effectiveness 2004, Washington DC (OED)

Verbesserungen blieben dagegen gering.[16] Eine wesentliche Ursache dafür waren die Einführung von Nutzergebühren (Siehe Kasten: Gebühren im Bildungswesen), steigende Medikamentenpreise, fehlende Ärzte und Lehrer. Insbesondere die Armen profitierten am wenigsten von den Fortschritten, wie das UN-Entwicklungsprogramm UNDP konstatiert: »Der Fortschritt bei der Grundschulbildung seit 1990 in Richtung Millennium-Entwicklungsziele war besonders enttäuschend.«[17] Gleichzeitig vergrößerten sich die sozialen Unterschiede. Denn in vielen Ländern gibt es inzwischen einen Boom privater Schulen und Krankenhäuser, die sich nur wohlhabendere Bevölkerungsgruppen leisten können.

2. Handelsliberalisierung

Handelsliberalisierung ist ein weiterer Kernbestandteil der Forderungen der Internationalen Finanzinstitutionen seit dem Beginn der 1980er Jahre. Sie bringe angeblich Wachstum, Effizienz und Wohlstand und sei daher ein Schlüssel zur Bekämpfung der Armut. Zentrale Elemente sind die Rückführung der Importzölle, die Abschaffung von Importquoten und Exportsteuern sowie die weitgehende Beseitigung von öffentlichen Vermarktungsinstitutionen.

In einer ersten Phase in den 1980er Jahren stellte die Bank weitgehend auf die traditionelle Handelsagenda ab – die Außenöffnung der Volkswirtschaft, die Wachstum und Effizienz bringen sollte. Zwischen 1987 und 2004 vergab sie an 117 Länder 38 Mrd. US-Dollar (das entspricht 8,1% der gesamten Weltbankzusagen), um ihre Märkte zu öffnen und ihre stärkere Integration in die globale Wirtschaft voranzutreiben. Einen neuen Schub bekam die Handelsliberalisierung für die Weltbank durch das Scheitern des WTO-Ministertreffens in Seattle 1999 und durch »Interessen bilateraler Geber«, wie die Evaluierungsabteilung IEG schreibt.[18] Praktisch sprang sie für die lahmgelegte WTO in die Bresche. Ziel ihrer Aktivitäten ist seither vor allem der Abbau von

---

[16] Siehe auch SAPRIN: Kapitel 8: The Effects of Public Expenditure Policies on Education and Health Care

[17] Jan Vandemoortele, »The MDGs and pro-poor policies: related but not synonymous«, International Poverty Centre, Working Paper No 3, Brasilia (UNDP) 2004

[18] IEG, Assessing World Bank Support for Trade, 1987-2004, An IEG Evaluation, 2006, xiv

Brasilien – Hilfe für Agrarkonzerne

Die IFC vergibt Kredite an Agrarkonzerne, die riesige Monokulturen von Zuckerrohr oder Soja anlegen. Kürzlich zum Beispiel bewilligte sie der *Amaggi Corporation*, lange Zeit größter Sojaproduzent und -exporteur des Landes, einen Kredit, trotz zahlreicher Beschwerden von zivilgesellschaftlichen Organisationen. Die Finanzierung des exportorientierten Agrobusiness hat fatale Folgen für viele Menschen und die Natur: artenreiche Savannen und Wälder werden in Monokulturen verwandelt, fruchtbares Land für die bäuerliche Landwirtschaft geht verloren, die hoch mechanisierte Sojaproduktion bietet nur wenig Arbeitsplätze. Und die IFC hatte durch eine Einstufung des Kreditantrages als »ökologisch begrenzt sensitiv« eine gründliche Analyse der Umweltauswirkungen verhindert.[1]

[1] Die Weltbank und der Privatsektor: Hilfe für die Reichen und leere Versprechen für die Armen, September 2005 (urgewald)

»Handelshindernissen hinter der Grenze« (*Behind-the-border barriers*), die das Investitionsklima eines Landes beeinträchtigen. In der ›neuen Handelsagenda‹ stehen der Ausbau von Häfen und Flughäfen für den Außenhandel, langfristige institutionelle Reformen wie eine rasche Zollabfertigung, Regulierungsfragen und geistige Eigentumsrechte zum Schutz privater Investitionen im Vordergrund.[19]

Exportorientiertes Wachstum

Höhere Ausfuhren werden von der Weltbank als ein wichtiger Weg betrachtet, wie Entwicklungsländer ihr Wirtschaftswachstum beschleunigen können. »Exportorientiertes Wachstum« oder »exportorientierte Entwicklung« wurde von der Weltbank allerdings bis in die 1990er Jahre hinein vor allem dahingehend verstanden, dass die armen Länder ihren »Standortvorteil« als Agrarproduzenten nutzen sollten. Dementsprechend ermunterte (oder zwang) sie sie häufig, landwirtschaftliche Produkte zu exportieren. Im Unterschied dazu haben die meisten Länder Südostasiens, die als »Tigerstaaten« erfolgreich waren, Produktion und Export von Verarbeitungsprodukten vorangetrieben.

---

[19] Siehe Daniela Setton, Vom »Washington Konsens« zum »Genfer Konsens«: Strukturanpassung in neuem Gewand, November 2006

Abbildung 2: Preisverfall ausgewählter Produkte seit 1980

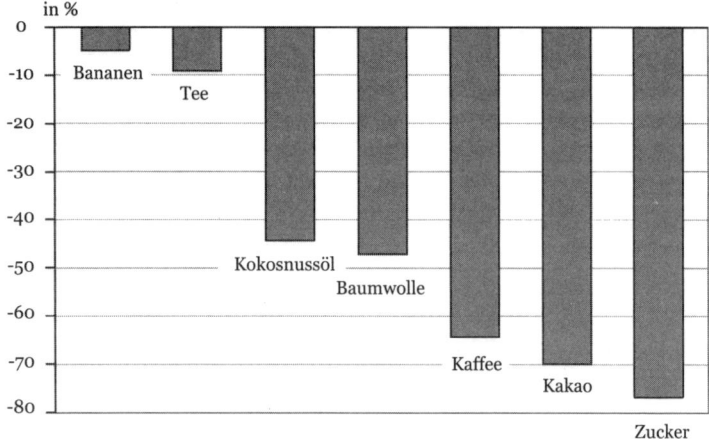

aus: Der Handel mit dem Hunger. Agrarhandel und das Menschenrecht auf Nahrung. Bonn 2006 (Forum Umwelt & Entwicklung/FIAN/Gerechtigkeit Jetzt!), Seite 25

So hat die Weltbank Kaffeeanbau-Länder aufgefordert zu liberalisieren. Dazu gehörten Maßnahmen wie die Abschaffung von Preiskontrollen, die Auflösung staatlicher Handelshäuser und eine aktive Unterstützung von Produktion und Exporten. Eins der größten »Erfolgsbeispiele« ist Vietnam, wo die Weltbank, aber auch die deutsche staatliche Entwicklungsorganisation GTZ, einen massiven Ausbau des Kaffeeanbaus förderte. In den 1990er Jahren stieg Vietnam zu einem der größten Kaffeeproduzenten der Welt auf. In derselben Zeit drängte die Weltbank auch andere Kaffee-Erzeuger wie Uganda, Äthiopien und Kenia, die Landwirtschaft zu liberalisieren und die Kaffee-Ausfuhren hochzufahren. Die Folge waren gewaltige Überschüsse und ein Zusammenbruch der Preise. Die Exportpreise fielen zwischen Juli 1998 und Juni 2001 um annähernd 50%, die Schuldensituation vieler Länder verschlechterte sich.

Der Preisverfall führte in vielen Ländern zu Verzweiflungsverkäufen. Aufgrund der Überproduktion litten viele Kaffeebauern und -bäuerinnen bitterste Armut. Millionen Familien gaben ihre Felder auf und wanderten in die Slums der Städte ab. Allein in Kolumbien waren zwei Millionen Menschen davon betroffen.

Ohne Wirtschaftsreformen keine Entwicklungshilfe

Ende der 1990er Jahre knüpften Weltbank und Fonds ihre Budgethilfe an Mali an die Bedingung, den Baumwollsektor zu liberalisieren. Dadurch wurden Malis Baumwollfarmer den verzerrten, durch die reichen Länder subventionierten Weltmarktpreisen für Baumwolle ausgesetzt. Das Ergebnis: Drei Millionen Bauern in Mali erhielten 2005 für ihre Baumwolle 20% niedrigere Preise. Nach einer unveröffentlichten Weltbankstudie, die Oxfam einsehen konnte, könnte das zu einem landesweiten Anstieg der Armut um 4,6% führen. Und obwohl Mali das Land mit dem höchsten Anteil an Menschen, die von weniger als zwei Dollar am Tag leben müssen, ist, verweigerte die Bank der Regierung weitere Hilfe unter dem Vorwand, sie habe die Baumwollindustrie nicht ausreichend privatisiert.

Quelle: Kicking the Habit: How the World Bank and the IMF are still addicted to attaching economic policy conditions to aid, Oxfam Briefing Paper 96, November 2006, 17

Gleichzeitig wurde die kleinbäuerliche Landwirtschaft, die kaum Exportprodukte liefert, vernachlässigt. Nachdem noch in den 1960er und 1970er Jahren insbesondere in Süd- und Südostasien mit hohen öffentlichen Investitionen die Ausweitung der Bewässerungslandwirtschaft für den Anbau von Reis, Weizen und industriellen Rohstoffen wie Baumwolle und Zuckerrohr vorangetrieben wurde, reduzierte die Weltbank in den 1980er Jahren ihre Mittel mit der Rechtfertigung, dass weitere Investitionen »ökonomisch nicht zu rechtfertigen seien«.[20] Da auch andere Geber und Regierungen ihre Ausgaben zurückführen, geriet die Entwicklung in vielen ländlichen Regionen und landschaftlichen Bereichen wie dem Regenfeldbau oder der bäuerlichen Landwirtschaft ins Stocken, obwohl sie die Lebensgrundlage für die Mehrzahl der Armen, insbesondere für zahllose Frauen, darstellt. Gleichzeitig fiel damit der Produktionszuwachs von Grundnahrungsmitteln immer geringer aus, die Ernährungssicherheit vieler Länder ist daher heute gefährdet.

---

[20] World Bank, Agriculture and Rural Development (ARD), September 2003, www.worldbank.org/rural

Die Wiederentdeckung der Landwirtschaft

Mit ihrer »erneuerten« ländlichen Entwicklungsstrategie »Reaching the Rural Poor« kehrt die Weltbank nach Jahren des Desinteresses und sinkender Mittelvergabe wieder zurück zu dem Bereich, in dem die Mehrzahl der Armen lebt.[1] Auf den ersten Blick ist das gut und richtig. Doch eine genauere Analyse zeigt, dass es ihr nicht vorrangig um eine behutsame Modernisierung kleinbäuerlicher Landwirtschaft geht, die die Überlebensgrundlage für Millionen oftmals armer und marginalisierter Betriebe ist, sondern um eine Modernisierung der industriellen Landwirtschaft, vor allem der Bewässerungslandwirtschaft, in die der größte Teil der steigenden Finanzmittel fließt. Sie macht sich als selbsternannte Anwältin der Entwicklungsländer[2] gleichzeitig stark für eine globale Liberalisierung des Agrarhandels. »Viele Industrie- und Entwicklungsländer schützen ihre Landwirtschaft immer noch auf hohem Niveau«, klagt François Bourguignon, Chefvolkswirt der Bank, »was die Armen der Welt am härtesten trifft«.[3] Die pauschale Forderung nach Abbau aller Agrarsubventionen und Handelsbarrieren richtet sich zwar auch gegen die *Dumping*-Politik der Industrieländer, verbaut aber vor allem den ärmeren Ländern die Möglichkeiten, sich gegen unerwünschte Importe zu schützen oder ihre eigenen Kleinbauern zu unterstützen. Damit wiederholen sich die Grundprinzipien der Privatisierung: Die Förderung kommerzieller, marktorientierter Produktion, Exportorientierung und Handelsliberalisierung.[4] Wohin das führt, zeigt sich in Südafrika: Um in der Globalisierung zu bestehen, rationalisieren und diversifizieren Großbauern ihre Betriebe. Farmarbeiter werden entlassen und verlieren nicht nur ihre Arbeit, sondern auch Unterkunft und Gemüsegärten. Von diesen Vertreibungen sind in den vergangenen zehn Jahren etwa eine Million Menschen betroffen.

[1] World Bank, Reaching the Rural Poor. A Renewed Strategy for Rural Development. Washington D.C., 2003

[2] »The World Bank has positioned itself more effectively as an advocate for the developing countries on global trade issues,...«, IEG, Assessing World Bank Support for Trade 1987-2004, Washington DC 2006, xviii

[3] Am 10. Januar 2006 in Washington D.C., siehe http://web.worldbank.org/external/default/main?men uPK=547863&pagePK=6416770, Zugriff am 2.11.2006

[4] Siehe Uwe Hoering, Wasser für Nahrung – Wasser für Profit. Die Wasserpolitik der Weltbank in der Landwirtschaft, Stuttgart 2005 (Brot für die Welt)

Importliberalisierung

Das handelspolitische Gegenstück zur Exportförderung ist die Importliberalisierung, die von Weltbank und IWF ebenfalls mit großem Eifer vorangetrieben wurde. Während Exporte nur schwer zu steigern waren, weil viele Länder nur traditionelle Produkte wie Kaffee, Kakao und andere agrarische Rohstoffe anzubieten hatten, bei denen die Nachfrage in den Industrieländern weitgehend gesättigt ist und gleichzeitig oft ein Überangebot und eine starke Konkurrenz herrschen, wuchsen die Importe vielfach rasch an – und damit die Auslandsschulden vieler Länder.

Städtische Verbraucher, vor allem mittelständische Verbraucher mit ausreichender Kaufkraft, profitieren von der oft preisgünstigen Warenflut, die die Importliberalisierung bringt. Dabei werden aber lokale Hersteller sowohl in der Landwirtschaft als auch im verarbeitenden Gewerbe verdrängt. So war im Senegal der Tomatenanbau eine gute Einkommensmöglichkeit, bis aufgrund der Liberalisierung die Importe anzogen und sich die Preise für die Bauern halbierten. Die Produktion fiel von 73.000 Tonnen im Jahr 1990 auf 20.000 Tonnen 1997. In Ghana stiegen die Reisimporte auf 314.000 Tonnen im Jahr, auf Kosten der einheimischen Reisbauern. In Kenia, wo viele arme Haushalte mit Baumwolle ein Geldeinkommen verdienen, fiel die Produktion von 70.000 Ballen jährlich Mitte der 1980er Jahre auf weniger als 20.000 Ballen zehn Jahre später. Es sind oft die Armen, die am meisten leiden, weil sie auskonkurriert werden, zu wenig Kapital und keinen Marktzugang haben, um die Produktivität zu steigern, die Qualität zu verbessern oder auf andere Produkte auszuweichen. Es ist ihnen unter diesen Bedingungen nicht möglich, in »*high-value*-Exportprodukte« wie Blumen oder Gewürze zu diversifizieren, wie die Weltbank vorschlägt.

Auch die Versuche, eine eigene Industrie aufzubauen, wurden durch die Importliberalisierung zurückgeworfen – hunderttausende Arbeitsplätze gingen verloren. In Ghana ging die Zahl der Beschäftigten in der Verarbeitungsindustrie von 78.700 im Jahr 1987 auf 28.000 sechs Jahre später zurück, in Malawi halbierte sich die Textilherstellung zwischen 1990 und 1996. In zahlreichen Ländern mussten viele kleine Unternehmen, die Verbrauchsgüter wie Seife oder Speiseöl herstellen, schließen, die Geflügelproduktion brach wegen billiger Importe aus der Europäischen Union zusammen.[21]

Nach Berechnungen der britischen Entwicklungsorganisation *Christian Aid* hat die Handelsliberalisierung allein für Afrika südlich der Sahara in den vergangenen 20 Jahren einen Verlust von 272 Mrd. US-

---

[21] Siehe auch SAPRIN, Kapitel 2, Beispiele aus Bangladesh, Ekuador, Ghana, Ungarn, Mexiko, Philippinen und Simbabwe

Zollabbau: Löcher im Staatssäckel

Die öffentlichen Finanzen in vielen Entwicklungs- und Transitionsländern sind nach wie vor abhängig von Zoll- und Gebühreneinnahmen aus dem Außenhandel. In Afrika südlich der Sahara etwa machen sie im Durchschnitt ein Drittel aller Staatseinnahmen aus, in den Entwicklungsländern in Asien und im Pazifik sind es rund 15%. Die Weltbank rät, den Einnahmeausfall, der durch den Abbau von Zöllen und Gebühren entsteht, durch andere, einheimische Finanzquellen wie höhere Steuern, einen besseren Steuereinzug oder eine Mehrwertsteuer aufzufangen. Zwei IWF-Mitarbeiter, die 125 Länder über den Zeitraum 1975 bis 2000 untersuchten, fanden heraus, dass dieser Ausgleich Ländern mit hohem Einkommen leicht gelingt, doch schon Länder mit mittlerem Durchschnittseinkommen schaffen es nur, 35 bis 55 Cents von jedem Dollar, den sie an Handelssteuereinnahmen verlieren, zu ersetzen. Noch besorgniserregender ist, dass die armen Länder praktisch keine Ersatzfinanzierung auftun konnten.[1]

[1] Baunsgaard, Thomas; Keen, Michael, Tax Revenue and (or?) Trade Liberalisation, September 20, 2004 (draft), Fiscal Affairs Department, IMF, Washington D.C. www.imf.org/External/np/res/seminars/2004/tbmk.pdf, Zugang 30. Oktober 2006

Dollar gebracht, etwa so viel wie die gesamte Entwicklungshilfe in diesem Zeitraum.[22] Wären die Regierungen nicht dazu gezwungen worden, hätten sie nicht nur genug Geld gehabt, um ihre Schulden zu bezahlen, sondern auch, um alle Kinder zu impfen und zur Schule zu schicken.

Nach mehr als 20 Jahren Drängen und Werben von Weltbank und anderen Gebern sind die Privatisierungs- und Liberalisierungsmaßnahmen in vielen Bereichen und Regionen weitflächig durchgesetzt.[23] Ausgehend von einzelnen Produkten und Sektoren wurden sie im Namen des besseren Investitionsklimas immer weiter ausgeweitet auf die gesamten Rahmenbedingungen »hinter den Grenzen« wie Rechte von Investoren, freizügige Investitionsbedingungen, Risiko-Management für Investoren usw. *Christian Aid* nennt diesen Prozess die »Einbettung der Liberalisierung in den Volkswirtschaften der Entwicklungslän-

[22] Christian Aid, The economics of failure: the real costs of »free« trade, June 2005
[23] Der »trade restrictiveness index« (TRI) des IWF – eine Länder-Rangliste nach dem Ausmaß ihrer handelspolitischen Maßnahmen – zeigt, dass afrikanische Länder verglichen mit den späten 1990er Jahren erheblich stärker liberalisiert sind. Siehe IMF, Trade Policy Information Database, www.imf.org

Die Auswirkungen von Beratung und Kreditvergabe

Strukturanpassungsmaßnahmen, Politikberatung, technische Hilfe und Kreditvergabe-Bedingungen haben negative Folgen:[1]

- die Möglichkeiten der Länder wurden beschnitten, ihren eigenen Entwicklungsweg zu entwerfen,
- Handelsliberalisierung wird häufig als Strategie zur Armutsminderung überschätzt,
- sie führen zu finanziellen Belastungen und sozialen Kosten,
- rasche einseitige Handelsliberalisierung schwächt die Verhandlungsposition gegenüber reicheren Ländern in der WTO und bei bilateralen Verhandlungen,
- die Handelsstrategie trägt selten zum Abbau von Schulden bei,
- Veränderungen und Reformen können praktisch nicht mehr rückgängig gemacht werden,
- die notwendige Diversifizierung, durch die eine Abhängigkeit von einigen wenigen Produkten vermindert werden kann, wird verhindert.

[1] Pamela Sparr, The World Bank, IMF and Trade. Bank Information Centre, IFI Info Brief No. 3, March 2006, www.bicusa.org

der«.[24] Vielfach sind diese Liberalisierungen viel umfassender und weitreichender, als sie in der Welthandelsorganisation (WTO) gegenwärtig diskutiert werden. Diverse Entwicklungsländer können im Verhandlungspoker um Marktzugang, Abbau von Handelshindernissen und günstigen Investitionsbedingungen kaum noch Zugeständnisse anbieten. Und nachdem sie einmal durchgesetzt wurden, lassen sie sich kaum rückgängig machen, selbst bei gravierenden negativen Auswirkungen.

3. Schuldenerlass im Interesse der Gläubiger

Seit der »Schuldenkrise« Anfang der 1980er Jahre gibt es immer wieder Anläufe von Regierungen und multilateralen Banken, überschuldeten Ländern Schulden zu erlassen. Viele Kredite sind 30, 40 Jahre

---

[24] Christian Aid, Business as usual, September 2005, 3. Zum Abbau von Tarifen durch Entwicklungsländer siehe auch: IEG, Assessing World Bank Support for Trade, 1987-2004, An IEG Evaluation, Washington DC, 2006, xiii

alt. Sie waren an brutale Diktatoren oder unrechtmäßige Regierungen, wie das Apartheid-Regime in Südafrika oder die argentinische Militär-Junta, vergeben worden. Oft hat man damit sinnlose Prestigeprojekte finanziert, wie den internationalen Flughafen in Yaounde, Kamerun. Die Gelder wurden auch »gewährt«, um Industrien in den reichen Ländern zu alimentieren, wie die norwegische Regierung gerade zugegeben hat.[25] Auch die Bundesregierung hat nach der Wende ausgemusterte Kriegsschiffe der DDR nach Indonesien auf Kredit verkauft,[26] unter der Bedingung, dass deren Umbau durch deutsche Werften erfolgte. Diktatoren erhielten Waffen sowie militärische oder polizeiliche Ausrüstung zur Unterdrückung von Oppositionsbewegungen.

Diese oft von Korruption auf Seiten der Kreditgeber und -nehmer begleiteten dunklen Geschäfte türmten sich zu Bergen von unbezahlbaren und illegitimen Schulden auf. Außerdem gingen die Schuldendienste für diese »verabscheuungswürdigen« Schulden (»odious debt«)[27] auf Kosten von Gesundheitsversorgung und Bildungsmöglichkeiten der Armen in den Entwicklungsländern, da diese auf staatliche Dienste angewiesen sind. Auf diesen Makel haben zivilgesellschaftliche Entschuldungsbewegungen wie Jubilee 2000 hingewiesen und ihn in wirksamen Druck auf die Bank und die Gläubiger umgesetzt. Die Überschuldung ist aber auch hinderlich für den Geschäftsablauf, da sie die Rückzahlungen und damit die Vergabe neuer Kredite beeinträchtigt. Jedoch würde ein völliger Schuldenerlass den Gläubigern den Hebel nehmen, um Einfluss auf wirtschaftspolitische Entscheidungen der Schuldnerländer zu nehmen.

Die Weltbank sträubte sich denn auch lange Zeit gegen eine Entlastung »ihrer« Schuldner. Unter anderem machte sie geltend, durch Schuldenerlass würde die Kreditwürdigkeit der betreffenden Länder eingeschränkt und damit ihre Möglichkeit, neue Kredite von Geschäftsbanken oder am internationalen Finanzmarkt aufzunehmen. Die Gläubiger waren sich nur in einem einig: Es sollte immer nur so weit entschuldet werden, dass die Zahlungsfähigkeit wieder hergestellt wird. Die Vermittlungsformel lautet »tragfähiges Schuldenniveau«, um dessen Bestimmung es endlose Rangeleien gibt.[28]

---

[25] Erlassjahr-Kampagne: Presseerklärung vom 5. Oktober 2006
[26] Erlassjahr-Kampagne: Leichen im Keller, 2007, www.erlassjahr.de
[27] Erlassjahr-Kampagne (Hrsg): Handbuch »Illegitime Schulden«, 2003
[28] Vgl.: EED: Human Development before Debt Repayment, Bonn 2006

Abbildung 3: Länder mit geringem Einkommen –
Langfristige Verschuldung vor und nach MDRI

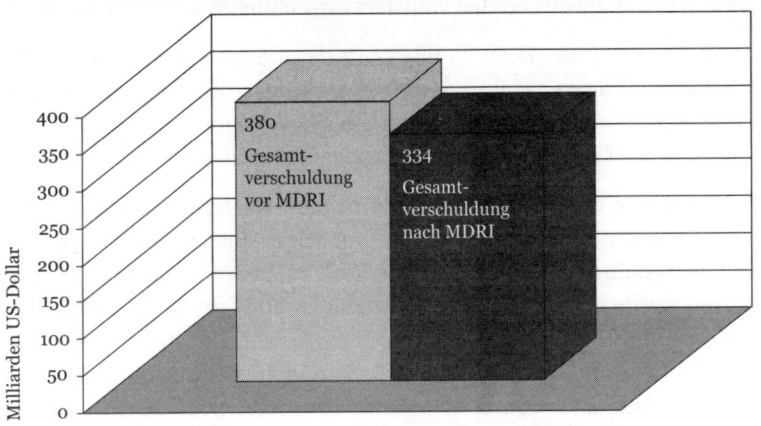

aus: Alex Wilks/Francesco Oddone, Ewige Schulder? In: Social Watch Report Deutschland 2006, 21

1996 fanden sich die Regierungen der führenden Industriestaaten
(G8) erstmals bereit, einen Teil ihrer Forderungen an die ärmsten,
hochverschuldeten Länder zu erlassen. Diese so genannte HIPC-Initiative[29] sollte mehr Geld für Sozialausgaben und Armutsminderung frei
machen. Aber bis 1999 hatten erst sechs Länder einen Schuldenerlass
erhalten. Trotz des erweiterten HIPC-Erlasses durch die Köln-Initiative
der G8-Regierungen 1999 von 60 auf 90% der Schulden bei den Gläubigerländern konnten bis 2005 gerade einmal 18 Länder dadurch ihren
Schuldenberg ein Stück abbauen. Denn als Voraussetzung mussten sie
Anforderungen des IWF über »gute« Regierungs- und Haushaltsfüh-
rung erfüllen und Liberalisierungs- und Privatisierungsmaßnahmen
durchführen. Erst wenn der IWF und die Weltbank zustimmten, wurden diesen Ländern Schulden gestrichen, aber auch nur die, die 150%
ihres Exporteinkommens überschritten. Nach Ansicht von *Debt Relief
International* können lediglich zwei oder drei Länder durch die Ent-
schuldungen, die ihnen gewährt wurden, bis auf weiteres dem andau-
ernden Zyklus von Zahlungsunfähigkeit und Umschuldungen entkom-

---

[29] Highly Indebted Poor Countries. Vgl. zum Folgenden: Jürgen Kaiser, Ein historischer
Durchbruch bei der Entschuldung? In: Die Millenniumsziele in Reichweite? Hrsg. von
VENRO (2015 im Gespräch 9), Bonn und Berlin 2006, 16-26

men.[30] Bei Uganda oder Bolivien beispielsweise hat sich die Weltbank bei der Festlegung der »Tragfähigkeitsgrenze« sogar zuungunsten der Länder und zu ihren eigenen Gunsten verrechnet.[31]

> »Schuldenerlass allein, so wie er in den ersten Jahren der (HIPC) Initiative umgesetzt wurde, hat nicht zu einem umfassenden oder nachhaltigen Ansatz der Armutsreduktion beigetragen.« (OED, Annual Report on Development Effectiveness 2004, xiii)

Bis 2004 war durch Studien der britischen Regierung und der UN[32] klar geworden, dass die Länder mit niedrigen Einkommen wegen ihrer Überschuldung die Millenniums-Ziele nicht erreichen würden. Daraufhin wurde beim G8-Gipfel in Gleneagles 2005 die Multilateral Debt Relief Initiative (MDRI) aus der Taufe gehoben. Die Regierungen der Gläubigerländer fanden sich bereit, Schuldenstreichungen der Weltbank, des IWF und des Afrikanischen Entwicklungsfonds (AfDF)[33] zu kompensieren.[34] Den Schuldnerländern werden die erlassenen Forderungen allerdings gleich wieder von Neuzusagen abgezogen, das heißt, zumindest in den ersten Jahren werden sie ihren Schuldenerlass selbst bezahlen. Während zweifelhaft ist, ob Mali, Mauretanien, Honduras, Äthiopien und die zahlreichen anderen ärmeren, hoch verschuldeten Länder diesmal dauerhaft von diesem Verzicht auf die Eintreibung ihrer Schulden profitieren werden, ist für die beiden Entwicklungsbanken der Schuldenerlass ein sicherer Gewinn: Sie können dadurch uralte Kreditverträge für Projekte, die sie zum Teil mit demokratisch nicht legitimierten Regimes für zweifelhafte Zwecke abgeschlossen hatten, aus den Büchern streichen und erhalten dafür frische Mittel.[35]

---

[30] M. Martin, Has HIPC Debt Relief made HIPCs debt sustainable? Rotterdam 2004, www.dri.org

[31] Jürgen Kaiser, Der Bock als Gärtner: Zur Rolle von IWF und Weltbank als Gutachter im Entschuldungsprozess, 3. Februar 2005, erlassjahr.de-Hintergrund

[32] Sachs, Jeffery D. et al., A Global Plan to Achieve the Millennium Development Goals, New York (United Nations), draft, 23 September 2004

[33] AfDF: das Fenster für »weiche«, zinsfreie Kredite der Afrikanischen Entwicklungsbank.

[34] Nach dem G8-Plan stimmen IWF, Weltbank und der Afrikanische Entwicklungsfonds zu, den armen Ländern 56 Mrd. US-Dollar Schulden zu streichen. Diese Schuldenstreichung betrifft jedoch lediglich 10% aller Schulden, die gestrichen werden müssten, und die Schuldenfrage bleibt auch weiterhin vordringlich. So beläuft sich die Gesamtverschuldung der Entwicklungsländer auf 2,6 Billionen US-Dollar. Siehe Alex Wilks/Francesco Oddone, Ewige Schulder? In: Social Watch Report Deutschland 2006, 21

[35] Laudatio: Der Hai des Jahres 2006 für die Weltbank, www.erlassjahr.de

Falsche Prognosen

»Zusammen mit dem IWF verfügt die Weltbank über das Monopol bei der Beurteilung der wirtschaftlichen Lage überschuldeter Länder. An den Gutachten der Bank orientieren sich mehr oder weniger alle Gläubiger bei der Entscheidung über eventuelle Schuldenerlasse im Fall von Zahlungskrisen. Ein kritischer Blick auf die von der Bank vorgelegten Analysen zeigt, dass sie seit den frühen Phasen der Multilateralen Entschuldungsinitiative für die armen und schwer verschuldeten Länder (HIPC) die Einnahmen der betroffenen Länder systematisch übertrieben hat. Das Ergebnis war, dass die Schuldenerlasse geringer ausfielen als notwendig gewesen wäre, um die betroffenen Länder dauerhaft und ausreichend zu entlasten. In vielen Fällen war die Bank selbst der wichtigste Gläubiger der betroffenen Länder. Das heißt: Ihre eigenen Fehlprognosen ersparten ihr den Verzicht auf Forderungen.«

Aus der Laudatio: Der Hai des Jahres 2006 für die Weltbank, verliehen für ihre Doppelrolle als Gläubiger und Gutachter, 1. Juni 2006, www.erlassjahr.de

4. Wachstum, Armutsminderung und Ungleichheit

Internationale Finanzinstitutionen wie die Weltbank haben in den vergangenen Jahrzehnten ihre Position als Geldgeber und Gläubiger genutzt, um die wirtschaftliche Entwicklung in zahllosen Ländern zu beeinflussen. Mit der Einschränkung der Verantwortung des Staates für soziale Aufgaben und öffentliche Güter, mit dem Einfluss ausländischer Unternehmen durch Importe sowie mit der Exportabhängigkeit haben sie Strukturen geschaffen, die die Entwicklung dieser Länder bestimmen und Handlungsspielräume für selbstbestimmte, alternative Ansätze beschneiden. Dabei ist ihnen allerdings nicht gelungen, wofür sie eigentlich angetreten sind und womit sie ihre Politik ständig rechtfertigen: das Wirtschaftswachstum zu beschleunigen und die Armut zu verringern.

Die Weltbankpolitik trägt nicht signifikant zu Wachstum bei
Der *Annual Review of Development Effectiveness* 2004 der weltbankeigenen Evaluierungsabteilung OED[36] stellt fest, dass das Pro-Kopf-Wirtschaftswachstum in den vergangenen 15 Jahren in vielen Empfänger-

---

[36] OED, 2004 Annual Review of Development Effectiveness (ARDE): The World Bank's Contribution to Poverty Reduction, www.worldbank/org/oed/arde/2004

r Weltbank außerordentlich gering war. In jedem vierten
:ersuchten Länder gab es zwischen 1990 und 2003 ein »Mi-
tum«. Nur 21 Länder erreichten ein Wachstum von mehr als
2genüber lagen die Wachstumsraten in den vorangegangenen
en oft höher: In Lateinamerika etwa wuchs das Bruttoinlands-
produkt (BIP) pro Kopf der Bevölkerung von 1960 bis 1980 um 75%, von
1980 bis 1998 dagegen nur um 6% – bei einem drastischen Rückgang
in den 1980er Jahren. In Afrika südlich der Sahara zeigt sich die gleiche
Entwicklung: Nach einem Anstieg um 36% zwischen 1960 und 1980 ist
das Pro-Kopf-Bruttoinlandsprodukt seither um 15% gesunken.[37]

Neuere Daten sind nicht viel besser, auch wenn sich insgesamt das
Wachstum, angeschoben etwa von China und Indien, beschleunigt hat.
Die Evaluierungsabteilung der Bank stellt in ihrem aktuellen Bericht
2006 über die Entwicklungswirksamkeit fest, dass nur zwei von fünf
Empfängerländern in den vergangenen fünf Jahren ein kontinuierliches
Wachstum des Pro-Kopf-Einkommens zu verzeichnen haben, nur jedes
fünfte verzeichnete über zehn Jahre hinweg positives Wachstum.[38]

Angesichts solcher Zahlen räumt die Evaluierungsabteilung der
Weltbank ein, der Optimismus über die positiven Auswirkungen der
Handelsliberalisierung sei überzogen gewesen.[39] Anstatt Wachstum zu
fördern, hätten eine Reihe von »übereifrigen« Reformen zu »De-Indus-
trialisierung« geführt, da »die rasche Importliberalisierung den Kon-
kurrenzdruck in Ländern (verschärfte), die nicht in der Lage waren, ein
dynamisches und dauerhaftes Wachstum der Verarbeitungsindustrie zu
schaffen«.

Wachstumseffekte führen nicht zu Armutsminderung

In einigen Ländern hat sich das Wachstum in den vergangenen Jahren beschleunigt. Doch oft ist das zurückzuführen auf höhere Preise für
Rohstoffe wie der Ölboom, der Equatorial Guinea 2004 ein Wachstum
von 24% bescherte, und auf einige kapitalintensive Großinvestitionen.
Zum Beispiel trägt Mozal, ein riesiges neues Aluminium-Werk, etwa
die Hälfte zum Wirtschaftswachstum in Mosambik bei, gibt aber nur

---

[37] Weisbrot et al., The Scorecard on Development: 25 Years of Diminished Progress.
Centre for Economic and Policy Research, September 2005
[38] IEG, Annual Review of Development Effectiveness, 2006. Getting Results. October 2,
2006 (Report No. 37161, www.worldbank.org/ieg)
[39] IEG, Assessing World Bank Support for Trade, 1987-2004. Washington DC, 2006

1000 Menschen Beschäftigung.[40] Auch die Evaluierungsabteilung der Weltbank hält fest: Wachstum konzentrierte sich oft in Sektoren, in denen wenig Beschäftigung entstand und den Armen die Qualifikationen oder Mobilität fehlten, um die Chancen wahrzunehmen.[41] Obwohl das Wirtschaftswachstum in den ärmsten Entwicklungsländern im Jahr 2004 bei immerhin 5,9% lag, kommt die UNCTAD zu dem Ergebnis, dass in den 50 am wenigsten entwickelten Ländern die Armut zunimmt, die Produktivität in der Landwirtschaft stagniert oder sinkt, und nicht annähernd genügend Arbeitsplätze im industriellen Bereich entstehen (Die Tageszeitung, 21.7.2006). Außerdem bleiben die meisten Länder immer noch unter dem Schwellenwert von 7% Wachstum, den manche Beobachter für eine dauerhafte Armutsminderung für notwendig halten.[42]

Auch die Evaluierungsabteilung der Bank, die 25 Länder untersucht hat, kommt zum Ergebnis, dass weniger als die Hälfte davon zwischen der Mitte der 1990er Jahre und den frühen 2000er Jahren einen Abbau der Armut verzeichnen konnten, während bei 14 Ländern die Zahlen gleich blieben oder sogar schlechter wurden. »Erfolge bei einem dauerhaften Anstieg des Pro-Kopf-Einkommens, der so wichtig ist für die Armutsminderung, bleiben auch weiterhin in einer größeren Zahl von Ländern eine Herausforderung«, heißt es im Bericht.[43]

> »Afrika hat seine neoliberalen Hausaufgaben gemacht. Trotzdem (oder deshalb?) bleibt die Armut extrem hoch.« (Jörg Goldberg, Die kritischen Seiten des Wachstums. Beschäftigung und Arbeitsmarkt in Afrika. In: Informationsbrief W&E 1/2006, 4f.)[44]

Insbesondere die Handelsliberalisierung trägt nicht zur Armutsminderung bei. Obwohl gerade viele der ärmsten Entwicklungsländer ihre Märkte weitaus schneller und stärker geöffnet haben als viele Industrieländer und Afrika heute nach Ostasien handelspolitisch die offenste Region der Welt ist, bleibt die Armut extrem hoch. Mehr noch: Die

---

[40] Carlos Nuno Castel-Branco and Nicole Goldin, Impacts of the Mozal Aluminium Smelter on the Mozambican Economy. September 2003

[41] IEG; Annual Review of Development Effectiveness 2006, Washington D.C., viii

[42] Siehe: DIE, Der Afrika-Aktionsplan der Weltbank: neue Aktionen? Analysen und Stellungnahmen 3/2006, Bonn

[43] IEG, Annual Review of Development Effectiveness 2006, Washington DC, 2006, vii

[44] Der Beitrag basiert auf dem Jahresbericht der UN Economic Commission for Africa, Economic Report on Africa 2005, Addis Ababa 2005, www.uneca.org/era 2005.

Wie viele Arme? Zahlenspiele

Viele Beobachter und Forscher sind sich einig, dass die Armutszahlen der Weltbank fragwürdig sind und »eine seriöse Korrektur brauchen«, wie eine neue Studie des UNDP-*International Poverty Centre* schreibt.[1] Anstelle der veralteten Messlatte von einem US-Dollar[2] am Tag setzt die Studie die Messlatte, um ausreichend Nahrung zu sich nehmen zu können, auf 1,22 US-Dollar. Danach lag die Zahl der absolut Armen im Jahr 2001 bei 1,37 Milliarden, der Hungernden bei 687 Millionen Menschen.

Außerdem hat die Weltbank in den 1990er Jahren mehrfach und ohne einsichtige Erklärung ihre Berechnungsmethode, etwa die Währungsumrechnung oder die Berücksichtigung der Inflationsrate, und Bezugsjahre für Einkommensarmut geändert. Außerdem wird die Definition von Armut der realen Armutssituation nicht gerecht. So gehen in den Warenkorb, der den Berechnungen zugrunde liegt, Luxusgüter und Dienstleistungen ein, die für die ärmeren Bevölkerungsgruppen gar nicht in Frage kommen. Demnach dürfte die Zahl der extrem Armen um rund zwei Fünftel höher liegen, als die Weltbank angibt. In die Bestimmung der Zahl der Armen, so die Schlussfolgerung, gehen zudem politische Interessen ein, etwa das Bestreben, Fortschritte bei der Armutsminderung zu suggerieren.[3]

[1] Kakwani, Nanak; Son, Hyun.H., New Global Poverty Counts. International Poverty Centre (UNDP), September 2006, 13. www.undp.org/povertycentre

[2] 2000 legte die Bank die Armutsgrenze neu auf 1,08 US-Dollar fest

[3] Vgl. zu dieser Diskussion Thomas Pogge, Das erste Millenniums-Entwicklungsziel: Ein Grund zum Feiern? in: Entwicklungspolitik 12/13/2005, 33-37; Bernd Ludermann, Schöngerechnet, in: E+Z Jg. 48. 2007:1. Weitere Beiträge und die Antwort durch Weltbank-Ökonomen wie Martin Ravallion: www.socialanalysis.org.

UNCTAD behauptet angesichts dieser Situation, dass die Handelsliberalisierung die Armut vergrößert, weil sie zu verbreiteter Arbeitslosigkeit und dem Zusammenbruch einheimischer Verarbeitungsbetriebe beitrug. Weltbank-Wissenschaftler bestätigen das in einer Studie über den internationalen Agrarhandel. Danach konnten die Entwicklungsländer ihren Anteil an Agrarexporten kaum steigern. Eine Entwicklungstrategie, die auf Agrarexporten basiert, »trägt im gegenwärtigen handelspolitischen Umfeld zur Verarmung bei«, erklären sie.[45] Im Klar-

---

[45] M. Ataman Aksoy, John Beghin, Global Agricultural Trade and Developing Countries, 2005

Abbildung 4: 2,6 Mrd. Menschen haben weniger als 2 Dollar am Tag

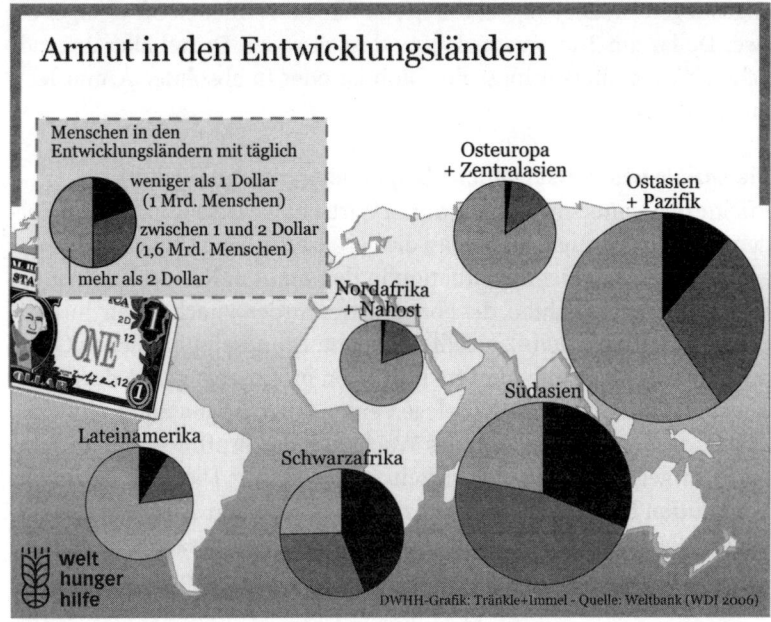

Armut in den Entwicklungsländern

Menschen in den
Entwicklungsländern mit täglich

weniger als 1 Dollar
(1 Mrd. Menschen)

zwischen 1 und 2 Dollar
(1,6 Mrd. Menschen)

mehr als 2 Dollar

Osteuropa
+ Zentralasien

Ostasien
+ Pazifik

Nordafrika
+ Nahost

Südasien

Lateinamerika

Schwarzafrika

welt
hunger
hilfe

DWHH-Grafik: Tränkle+Immel - Quelle: Weltbank (WDI 2006)

text heißt das: Die Weltbank hat jahrzehntelang die Armut vergrößert. Im Gegensatz zum Optimismus früherer Weltbankstudien kommen aktuelle wissenschaftliche Untersuchungen denn auch zum Ergebnis, dass die Auswirkungen einer vollständigen Handelsliberalisierung auf den weltweiten Wohlstand gegen Null tendieren.[46]

So stagniert die absolute Zahl der Armen, die von weniger als einem US-Dollar am Tage leben, in 40 von 100 Entwicklungsländern stieg sie sogar an. Von 1990 bis 2001 sank sie – nach Angaben der Evaluierungsabteilung der Weltbank – lediglich von 1,2 auf 1,1 Milliarden Menschen. Ohne China stieg sie sogar von 850 auf 880 Millionen, in Afrika südlich der Sahara von 227 auf 313 Millionen bzw. von 45 auf 47% Bevölkerungsanteil.[47] Besonders alarmierend ist, dass die Zahl der Arbeitslosen

---

[46] Antoine Bouet, How Much will Trade Liberalization Help the Poor? Comparing Global Trade Models, 2006 (IFPRI, Research Brief No.5), www.ifpri.org

[47] OED, 2004 Annual Report on Development Effectiveness, Washington 2005. Der Anteil den Menschen, die von weniger als 2 US-Dollar am Tag leben, liegt in den Entwick-

im Alter zwischen 15 und 24 Jahren im vergangenen Jahrzehnt stark angestiegen ist. Diejenigen, die Arbeit haben, verdienen oft weniger als zwei Dollar am Tag, was bedeutet, dass etwa ein Drittel aller Jugendlichen dieser Altersgruppe ohne Job ist oder in absoluter Armut lebt, meldet die ILO.[48]

Die soziale und wirtschaftliche Ungleichheit wächst (weiter)

Effekte der Armutsminderung durch Wirtschaftswachstum fallen außerdem deutlich geringer aus, wenn die gesellschaftliche Ungleichheit sehr groß ist – und das ist die Situation in den meisten Kundenländern der Weltbank. Die Annahme, die Fortschritte würden »nach unten durchsickern« (»*trickle down*«), erfüllt sich nicht. Die gesellschaftlichen Gruppen, die von Wachstum und Investitionen profitieren, geben davon wenig ab. Die Studien der ILO belegen einen langfristigen und weltweiten Trend, dass es nicht gelingt, das Wachstum des Bruttoinlandsprodukts (BIP) in geringere Arbeitslosigkeit umzusetzen.[49] Die *New Economic Foundation* hat errechnet, dass »zwischen 1990 und 2001 von 100 US-Dollar Wachstum im Welt-Pro-Kopf-Einkommen gerade einmal 0.60 US-Dollar zur Verringerung der absoluten Armut beitrugen«.[50]

Besonders die »Kerngruppe« der Armen, die Kleinbauern und KleinbäuerInnen, die Landlosen und Landarbeiterinnen, haben von Privatisierungen und der Liberalisierung des Welthandels nicht profitieren können – im Gegenteil: Die UN-Ernährungs- und Landwirtschaftsorganisation FAO[51] stellte fest, dass diese zur Verdrängung und Marginalisierung dieser Bevölkerungsgruppen und zu größerer Ernährungsunsicherheit führen. Damit aber verletzen sie das Menschenrecht auf Nahrung. Die Kommerzialisierung natürlicher Ressourcen und die Privatisierung bislang öffentlich genutzter Wälder, Weiden und Gewässer ziehen den Armen auf dem Land die Lebensgrundlagen förmlich unter den Füßen weg.

---

lungsländern bei 56%, ohne China sogar bei 59%, siehe Deutsche Stiftung Weltbevölkerung, Datenreport 2006.

[48] ILO: Global Employment Trends for Youth, Geneva, October 2006

[49] ILO, Global employment trends: brief, Geneva, January 2006

[50] New Economics Foundation, Growth Isn't Working: the Unbalanced Distribution of Benefits and Costs from Growth, 2006

[51] FAO, Agriculture, Trade and Food Security Issues and Options in the WTO Negotiations from the Perspective of Developing Countries. Rome 2000

Evaluierungsabteilung: Weltbank ignoriert Armutsorientierung

In einer jüngst vorgelegten Studie[1] stellt die interne Evaluierungsabteilung der Weltbank fest, dass die Bank bei ihrer Handelspolitik die Armutsorientierung vernachlässigt hat. »Handelsbezogene Vorhaben achteten nicht ausreichend auf Auswirkungen auf Armut und Verteilung, einschließlich der Veränderungen auf dem Arbeitsmarkt, und das ist auch weiterhin ein Schwachpunkt bei der Projektplanung« (xv). Zwar habe die Unterstützung der Weltbank dazu beigetragen, Märkte zu öffnen, »sie war aber bei der Steigerung von Ausfuhren und Wachstum und der Verringerung der Armut nicht so erfolgreich wie erwartet«.[2] Außerdem hätten die zahlreichen Analysen und Studien, die die Weltbank in Auftrag gab, nur selten die Auswirkungen der handelspolitischen Maßnahmen auf die Verbesserung der Lebenssituation ausreichend analysiert. Das bedeutet, dass die Behauptung, Handelsliberalisierung würde der Armutsminderung helfen, nie auf ihren Wahrheitsgehalt überprüft wurde.

[1] IEG, Assessing World Bank Support for Trade, 1987-2004. An IEG Evaluation. Washington D.C. 2006
[2] www.worldbank.org/irg/ieg/trade, Zugriff am 13. November 2006

Der Abbau von Schutzmaßnahmen wie staatlichen Subventionen für Vermarktung trifft die wirtschaftliche Rolle von Frauen in besonderer Weise. In vielen Regionen dominieren sie die kleinbäuerliche Produktion, den Straßenhandel und die lokalen Märkte, während die Männer oft auf Arbeits- und Einkommenssuche in moderne Bereiche der Wirtschaft abgewandert sind. Investoren und Konkurrenz durch Billigimporte überschwemmen die einheimische Agrarproduktion, das Handwerk, lokale Industrien und Vermarktung. Kleinbäuerinnen geraten unter Druck, die Selbstversorgungsproduktion auf markt- oder exportorientierten Anbau umzustellen oder als Arbeiterinnen auf Gemüse- oder Blumenplantagen für wenig Geld zu arbeiten. Ernährungsprobleme und Armut nehmen zu.

Zwar wächst weltweit die Erwerbsrate von Frauen schneller als die von Männern. Doch die Mehrzahl der Frauen findet lediglich unsichere, flexible und schlecht bezahlte Beschäftigung, in der sie »kleben« bleiben.[52] Das ist der Hauptgrund, warum rund 60% der *Working Poor* Frauen sind. Durch die »Feminisierung der Beschäftigung« können

---

[52] ILO, Global Employment Trends for Women, Geneva 2004

Kosten gesenkt und die Wettbewerbsfähigkeit und Effizienz gestärkt werden. Einige Schwellenländer verdanken ihre Integration in den Weltmarkt und ihr Wirtschaftswachstum den preiswerten weiblichen Arbeitskräften bzw. der Lohndiskriminierung von Frauen.[53]

Wo die neuen Beschäftigungsmöglichkeiten für Frauen zur Armutsverminderung beitragen wie in Südostasien und China, ist sie oft nicht nachhaltig. Die meisten Frauen sind nach wenigen Jahren Arbeit unter gesundheitsschädlichen Produktionsbedingungen krank und müssen ein Auskommen in noch schlechter entlohnten Bereichen, etwa als Hausangestellte oder in der Sexindustrie, suchen. Zudem ist die Frauenarbeit auf den liberalisierten und deregulierten Erwerbsmärkten durch Verlagerung der Produktion in noch billigere »Billiglohnländer« besonders stark bedroht.

> *»Die Weltbank ist der einzige Hersteller von Schätzungen über die weltweite Einkommensarmut. Bis vor kurzem haben die Verbraucher diesen Schätzungen vertraut.« (Sanjay Reddy/Thomas Pogge, Monitoring Global Poverty, www.socialanalysis.org.)*

Ohne Liberalisierung hätten das Wachstum höher und die Armutsminderung schneller sein können

Das Wirtschaftsforschungsinstitut *New Economics Foundation* weist außerdem nach, dass der Beitrag des Wachstums zur Armutsminderung in den 1960er und 1970er Jahren weitaus höher lag als in den zwei Jahrzehnten danach.[54] Das bedeutet, dass die spezifische Strategie der Weltbank, durch Liberalisierung und Privatisierung Wachstum herbeizuführen, weniger erfolgreich war als die Politik vieler »Entwicklungsstaaten« in den vorangegangenen Jahrzehnten. Und nachdem Präsident Hugo Chávez vor einigen Jahren begonnen hat, die Erdöleinnahmen Venezuelas gezielt für Bildungs-, Gesundheits- und Arbeitsförderprogramme einzusetzen, ist die Zahl der extrem Armen um rund 11% gesunken.

Das wird auch durch die Entwicklung in Ländern wie China, Vietnam oder Indien – und vorher in den asiatischen »Tigerstaaten« – unter-

---

[53] Stephanie Seguino, Gender Inequality and Economic Growth. A Cross-Country Analysis. In: World Development, Vol. 28, No. 7, 211-1230

[54] New Economics Foundation, Growth isn't working. The unbalanced distribution of benefits and costs from economic growth. 2006 www.neweconomics.org/gen/z_sys_publicationdetail.aspx?pid=219

Uganda: Strohfeuer

Ugandas wirtschaftlicher Aufschwung in den 1990er Jahren gilt nicht nur als ein afrikanisches Erfolgsmodell, sondern auch als ein Beweis für den Erfolg der Weltbankpolitik. Tatsächlich verzeichnete das ostafrikanische Land in den 1990er Jahren ein starkes Wirtschaftswachstum, das einherging mit Armutsminderung. Bei einer Wachstumsrate von durchschnittlich 4,3% im Jahr ging der Anteil der Menschen, die unterhalb der nationalen Armutsgrenze lebten, von 56% (1992/93) auf 34% (1999/2000) zurück. Überraschenderweise setzte sich dieser Trend in den nächsten Jahren nicht nur nicht fort, sondern kehrte sich um. Die Armut stieg auf 38% (2002/2003), die Wachstumsrate verlangsamte sich auf durchschnittlich 2,9%. Zudem nahmen die sozialen und wirtschaftlichen Unterschiede zu, besonders stark in den letzten Jahren.

Eine Studie von Kappel u.a.[1] führt den Erfolg in den ersten Jahren vor allem auf zwei Faktoren zurück: auf eine »Friedensdividende« durch die Beendigung des Bürgerkrieges, zweitens auf die Liberalisierung in der modernen Landwirtschaft, die von hohen Weltmarktpreisen für Exportprodukte, vor allem Kaffee, Baumwolle, Tabak und Tee profitierte. Doch im November 2001 betrug der Preis für Robusta-Kaffee nur noch 10% des Höchststandes 1994, und auch die Preise der meisten anderen Exportprodukte sanken. Infolgedessen verlangsamte sich das Wirtschaftswachstum, die Armut stieg. Offensichtlich war die Strategie nicht armutsorientiert gewesen, weil sie die Bauern ohne Sicherheitsnetz für den Fall eines wirtschaftlichen Schocks ließ. Mehr noch: Die Weltbank hatte Ugandas Bauern nicht nur in die Abhängigkeit von unsicheren globalen Märkten geführt. Sie hat auch selbst zu dieser Unsicherheit beigetragen, indem sie dieselbe Strategie in vielen Ländern durchsetzte, was zu Überschüssen und Preisverfall führte.

[1] The challenge of pro-poor growth in Uganda. International Poverty Centre, UNDP, February 2005 (one pager Number 11), www.undp.org/povertycentre

strichen, die vielfach einen eigenständigen Entwicklungsweg verfolgt haben. So schneidet zum Beispiel Vietnam, das hohe Wachstumsraten und eine deutliche Armutsminderung verzeichnet, weitaus besser ab als etwa Thailand, das eine weitreichende Liberalisierungsstrategie verfolgt hat.[55] Eine Grundlage dafür war die Landreform, die – ähnlich wie

---

[55] Kakwani, Nanak/Khandker, Shahid/Son, Hyun H., Pro-Poor Growth: Concepts and Measurement with Country Case Studies, UNDP, International Poverty Centre, Working paper number 1, August 2004

in China mit der Auflösung der Kollektive in den späten 1970er Jahren – eine relativ gleichmäßige Bodenverteilung brachte. Die Aufhebung der Zwangskollektivierung und die Anhebung der staatlich kontrollierten Preise leistete denn auch den wichtigsten Beitrag zur Verminderung der absoluten Armut.[56]

Natürlich haben diese Länder ebenfalls Binnenwirtschaft und Außenhandel liberalisiert und private Unternehmen gefördert. Aber die Entscheidungen über Zeitpunkt und Sektoren bestimmten sie selbst, ohne Druck und Auflagen durch die Weltbank oder andere Geber. Um den Entwicklungsprozess zu steuern, behielten sie – auch bei einer Zusammenarbeit mit der Weltbank – in unterschiedlichem Ausmaß die Kontrolle über die Handelspolitik, über Staatsunternehmen, Auslandsinvestitionen und ausländisches Kapital oder über Förder- und Schutzmaßnahmen für einheimische Unternehmen und Landwirtschaft. So waren sie weniger anfällig für weltwirtschaftliche Schwankungen und Krisen und konnten ihre Politik ändern, wenn sie sich als nachteilig oder wirkungslos erwies.

Feigenblatt »Pro-Poor-Growth«

Inzwischen musste auch die Weltbank einräumen, dass ein »trickle down« nicht stattfindet und Wirtschafts- und Handelswachstum, wie sie sie vorantreibt, kein Garant für Armutsminderung sind. Mit einiger Verspätung erkannte sie in einem gemeinsamen Papier mit dem IWF, das zur Frühjahrstagung 2006 vorgelegt wurde, dass es ein Fehler war, dass Haushaltsstabilisierung bislang »durch signifikantes Zurückschneiden der öffentlichen Kapitalbildung erfolgte«, – sprich: durch Sparmaßnahmen des Staates – »trotz der potenziell negativen Auswirkungen auf Wachstum und Armutsminderung«.[57]

Auf die geringen Fortschritte bei der Armutsminderung antwortete sie Anfang 2001 unter anderem mit einem neuen Ansatz: Armut wird nicht mehr nur als Einkommensarmut, sondern als mehrdimensional verstanden – im Sinne der Millenniums-Entwicklungsziele, auf deren Einlösung sich die Weltbank nun verpflichtet.[58] Dabei versucht sie zum

---

[56] Ravaillon, M., Shoahua, C., China's (uneven) progress against poverty. World Bank Policy Research Paper 3408, Washington D.C. 2004

[57] Development Committee, Fiscal Policy for Growth and Development: An Interim Report. Washington DC (IMF/World Bank) April 6,2006 (DC2006-0003), i

[58] Siehe Jan Priewe, Kehrtwende bei der Weltbank? In: Informationsbrief W & E, 6-7/Juni-Juli 2005

einen, Wachstum »im Interesse der Armen« (*Pro-Poor*) zu beeinflussen, etwa durch die Förderung beschäftigungsintensiver Investitionen, zum anderen armutsorientierte wirtschaftspolitische Programme (*Pro-poor-policies*) zu fördern, die die »komparativen Vorteile« von armen Produzenten für gesteigertes Wachstum nutzen sollen.

Damit verfolgt sie seither verstärkt eine »Zwei-Säulen-Strategie«:[59]

- Eine Wirtschaftspolitik, die sich mit Zielen wie einem guten Investitionsklima und privaten Investitionen als Motor für Arbeitsplätze und Wachstum nur wenig von der Politik in den 1990er Jahren unterscheidet,
- Maßnahmen, um die Armen in die Lage zu versetzen, an der Entwicklung teilzuhaben und Einfluss zu nehmen.[60]

Ein Beispiel für diese Strategie, die die alte Politik in neuem Gewand fortsetzt, sind die Armutsminderungsstrategien PRSP: Eine Analyse der seit 1999 erarbeiteten PRSPs zeigt, dass in 72% weitere Maßnahmen zur Handelsliberalisierung verankert werden, zusätzlich zu der weitreichenden Liberalisierung, die in vielen dieser Länder bereits erfolgt ist.[61] Außerdem gelingt es meist nicht, Strukturreformen und Maßnahmen der Armutsbekämpfung zu integrieren.[62] Stattdessen bleibt es bei einer Dualität von »harter« Wirtschaftspolitik und »weichen« Armutsbekämpfungsmaßnahmen als Zusatzprogramm. Eine ausführliche Analyse der verfehlten wirtschaftspolitischen und Armutsstrategien der vergangenen Jahre fehlt, ebenso wie die Diskussion alternativer Vorgehensweisen. »Ein Durchbruch oder gar ein Neuanfang für die Konzipierung armutsorientierter Entwicklung sind die PRSPs nicht.«[63]

> *»Ein näherer Blick auf die makroökonomischen und Strukturanpassungspolitik-Bestandteile von PRSPs zeigt, dass es keine grundsätzliche Abkehr von jener Politik gegeben hat, die als ›Washington-Konsens‹ bekannt geworden ist.« (UNCTAD, Economic Development in Africa: From Adjustment to Poverty Reduction – What is New?, September 2002)*

---

[59] Siehe OED, Annual Report on Development Effectiveness 2004, xi

[60] www.worldbank.org/poverty/strategies/index.html

[61] T. Jones, One size for all: A study of IMF and World Bank poverty reduction strategies, London 2005 (World Development Movement)

[62] Miriam Walther, Armutsstrategiepapier (PRSP). Neuanfang der Strukturanpassungspolitik von IWF und Weltbank? Bonn 2002 (Weed Arbeitspapier)

[63] Miriam Walther, 15

Zudem stellt die Weltbank ihre Politik für die Armen schon seit einiger Zeit in den Dienst der Förderung von Wachstum und Effizienz. Ein Beispiel ist die »Investition in die Frauen«. Geringere Bildung von Frauen und schlechtere Gesundheitsversorgung, Kinderreichtum und Überlastung durch »nicht produktive« Arbeiten wurden als Hindernisse für ihre Marktintegration und für Produktivitäts- und Effizienzsteigerung und damit als Ursache für Armut und Ernährungsunsicherheit definiert. Durch *Empowerment*, Investitionen in soziale Bereiche und Stärkung von Frauenrechten sollten diese Barrieren abgebaut werden.[64]

So pries der frühere Weltbankchef James Wolfensohn 1997 Kleinkreditprogramme für Frauen als »Business-Ansatz zur Armutsbekämpfung«. Im südindischen Bundesstaat Andhra Pradesh etwa sind große Regionen nahezu flächendeckend mit so genannten Selbsthilfegruppen übersät.[65] Als Zugabe zum Kredit erhalten die Frauen unter anderem ein »Entrepreneur-Training«. Während für sie der unternehmerische Erfolg meist bescheiden bleibt, macht inzwischen der Bankensektor nach dem Motto: »Kleinvieh macht auch Mist« ein gutes Geschäft. »Business« machen auch große Firmen und Supermärkte, denen die Frauen in einer Art Miniatur-*Franchising* Seife, Waschmittel oder Shampoos zum Weiterverkauf abnehmen und damit neue Märkte erschließen. 11% vom Umsatz dürfen sie behalten. So werden sie gleichzeitig gewinnbringend in den Finanzsektor und in die Vermarktung integriert – eine »stille Revolution«, wie es Wolfensohn-Nachfolger Paul Wolfowitz nennt.

Ganz in der Tradition dieser ökonomistischen Logik stellt die Weltbank ihren neuesten »Gender Aktionsplan«[66] unter das Motto: »Vergesst China, Indien und das Internet: das Wirtschaftswachstum wird von Frauen vorangetrieben«. Unter dem Titel »Gender Equality as Smart Economics« will sie das »ökonomische *Empowerment*« von Frauen unterstützen, »um ein breites Wachstum zu fördern und die Erfüllung des dritten Millenniumsziels[67] zu beschleunigen«.[68] Die Kluft zwischen

---

[64] World Bank, Recognizing the »Invisible« Woman in Development. Washington D.C. 1979

[65] Christa Wichterich, Sozialer Frieden durch Kleinkredite!? in: Informationsbrief Weltwirtschaft & Entwicklung, 11/November 2006

[66] Gender Equality as Smart Economics: A World Bank Group Gender Action Plan (Fiscal Year 2007-10), Washington D.C. September 2006

[67] »Geschlechtergleichheit und Frauen-*Empowerment* fördern.«

[68] Siehe Christa Wichterich, Wettbewerbsfähige Frauen. Die neuen Smarties der Weltbank. In: Informationsbrief Weltwirtschaft & Entwicklung, 12/Dezember 2006

den ökonomischen Fähigkeiten von Frauen und ihren Möglichkeiten sei »ineffizient«, weil ihre »Ressourcen nicht dort zum Einsatz kommen, wo die Rentabilität am höchsten ist«. Mehr Bildung für Frauen ist in dieser Betrachtungsweise dann kein Rechtsanspruch, sondern eine Voraussetzung dafür, dass Unternehmen »vergleichsweise billigere Frauenarbeit nutzen und dafür in frauenintensive Beschäftigung investieren«.[69] Lohnunterschiede zwischen Männern und Frauen sind folglich auch keine Diskriminierung, sondern ein Investitionsanreiz für Unternehmen. Die Erweiterung der Chancen für Frauen ist damit dann auch »für die Bankgeschäfte sinnvoll«, heißt es im Aktionsplan, sprich: Es rechnet sich für Investoren und für die Weltbank.

Die konkreten, komplexen Armutsbedingungen, denen Frauen unterworfen sind, bleiben jedoch in dem Aktionsplan ausgeblendet, ebenso Marktstrategien, Unternehmensinteressen und Handelsregeln, die systematisch soziale Ungleichheiten und wirtschaftlichen Ausschluss erzeugen. So bleibt es ein Rätsel, wie vorgeschlagene Maßnahmen wie die »Verringerung des Zeit- und Finanzaufwandes bei der Unternehmensregistrierung« die Armut von Millionen Kleinbäuerinnen, Straßenhändlerinnen oder Hausangestellten reduzieren sollen.

> *»Die Sprache des Weltentwicklungsberichts 2001/2002 (›Bekämpfung der Armut‹) enthüllt, dass unterstellt wird, dass Empowerment einer Anleitung ›von oben‹ bedarf, dass Armut eine individuelle Angelegenheit ist und dass die Beseitigung von Armut möglich ist ohne größere Veränderungen der gegenwärtigen globalen kapitalistischen Welt.« (Prof. Jane Parpart, Dalhousie University, in: Kriemhild Saunders [ed.], Feminist Post-Development Thought, London and New York 2002, 45)*

Der Beweis, dass die »neue« Strategie mehr Armutsminderung bringt als die »alte« aus den 1990er Jahren steht noch aus. Allerdings stellt sich die Frage, wie sinnvoll es ist, als eine tragende Säule dieser Strategie eine Politik weiter zu verfolgen, die erwiesener Maßen weder ein nachhaltiges Wachstum fördert noch die Armut vermindert, stattdessen aber die Ungleichheit verstärkt, und gleichzeitig zu versuchen, durch ergänzende Maßnahmen den negativen Auswirkungen gegenzusteuern

---

[69] Dina Abu-Ghaida; Stephan Klasen, The Costs of Missing the Millennium Development Goal on Gender Equity, Washington D.C.; Göttingen, Februar 2004

oder sie zu kompensieren. Die Strategie erinnert an einen Autofahrer, der gleichzeitig Gas gibt und bremst, oder der den Blinker nach links setzt, aber nach rechts fährt.

Auch der Vorrang von makroökonomischen Wirtschaftsreformen vor Armutsminderung ist unverändert: In seiner Stellungnahme zum jüngsten Bericht der Evaluierungsabteilung IEG,[70] der nach seiner Auffassung ein »zu düsteres Bild« von den fehlenden Fortschritten bei Wirtschaftswachstum und Armutsminderung zeichnet, erklärt das Weltbank-Management, dass Finanz- und Haushaltsstabilität nach wie vor Priorität haben: »Das Management ist davon überzeugt, dass es für Länder schwierig ist, größere Reformen in Richtung *Pro-poor growth* zu unternehmen, solange keine makroökonomische Stabilität erreicht ist«.

---

[70] Annual Review of Development Effectiveness, 2006, Draft Management Comments, 4

Kapitel 2:
Investitionsklima statt Umweltschutz

Die drängendste Aufgabe zurzeit ist, den ärmsten Ländern der Welt
zu helfen und sie hoffentlich auf einen Pfad zu bringen wie China,
Brasilien oder Indien. In einer zweiten Phase würde man dieses
Wachstum nachhaltig machen und es dafür nutzen, die Armut zu
reduzieren.
Paul Wolfowitz, Weltbank-Präsident, in: Die Zeit, 8. Juli 2006

Seit dem »Erdgipfel«, der UN-Konferenz Umwelt und Entwicklung (UNCED) 1992 in Rio de Janeiro, steht die Forderung, wirtschaftliche Entwicklung, natürliche Umwelt und soziale Gerechtigkeit in Einklang zu bringen, – sprich: nach nachhaltiger Entwicklung – auf der Tagesordnung. Seither ist immer deutlicher geworden, dass Umweltschutz nicht ein lediglich untergeordnetes Problem ist, das vernachlässigt und dessen Lösung in die Zukunft verschoben werden kann, wenn es um Wirtschaftswachstum geht. Umweltschutz ist vielmehr eine wesentliche Voraussetzung, um Entwicklungs- und Armutsminderungsziele zu erreichen. Das wurde erst jüngst wieder durch das *Millennium Ecosystem Assessment* unterstrichen, das von den Vereinten Nationen 2001 angestoßen wurde.[1] Danach besteht eine direkte Verbindung zwischen Armut und Ökosystemen: Die weit überwiegende Mehrheit der Armen lebt in ländlichen Gebieten und ist für ihre Existenzsicherung angewiesen auf die Erhaltung der Produktivität landwirtschaftlich genutzter Böden, der Wälder und Fischbestände. Arme Bevölkerungsgruppen sind die ersten, die unter Wasserverschmutzung oder Umweltkatastrophen leiden. Ihr Lebensunterhalt, Gesundheit und Sicherheit hängen direkt von der Erhaltung der sogenannten »Umweltdienstleistungen« ab.

Die Weltbank hat sich die Formel einer »nachhaltigen Entwicklung« sehr schnell auf ihre Fahnen geschrieben. Der Weltentwicklungsbericht 1992, den sie rechtzeitig zum »Erdgipfel« vorlegte, stellte die Verbin-

---

[1] siehe www.maweb.org/en/Article.aspx?id=58

dungen zwischen Umwelt und Entwicklung in den Mittelpunkt.[2] Nur ein Jahr später richtete sie die Abteilung für nachhaltige Entwicklung ein.[3] Von den Industrieländern wurde sie mit der Verwaltung der in Rio beschlossenen Globalen Umweltfazilität GEF beauftragt. Dieser Fonds finanziert in Entwicklungsländern Umweltvorhaben etwa im Klimaschutz. Damit schlug die Bank zwei Fliegen mit einer Klappe: Zum einen erhielt sie Zugang zu neuen Finanzmitteln, zum anderen kann sie sich seither als »grüne« Bank profilieren, in der Hoffnung, die zahlreichen ökologischen Desaster, an denen sie in den Jahren zuvor beteiligt war, vergessen zu lassen.[4]

1. Prüfstein: Extractive Industries

Zahlreiche schwerwiegende Umweltprobleme resultieren aus dem Abbau und der Nutzung von Bodenschätzen. Wälder, biologische Vielfalt, Böden und Wasserressourcen werden zerstört. Abraum wird unkontrolliert abgelagert, Schwermetalle gelangen – etwa beim Goldabbau – in großem Umfang in die Natur und in die Nahrungskette. Durch den Verlust von Überlebensressourcen verstärkt sich in vielen Fällen die Armut.[5] Zahlreiche Abbau-Konzessionen erstrecken sich auf Schutzgebiete indigener Bevölkerungen oder reicher biologischer Vielfalt. Dazu kommt auf globaler Ebene der Beitrag fossiler Energieträger wie Kohle und Erdöl zum Klimawandel, von dem wiederum vorrangig ärmere Länder und Bevölkerungsgruppen negativ betroffen sind.

Gleichzeitig leisten extraktive (Bodenschätze abbauende) Industrien keinen wesentlichen Beitrag zu nachhaltiger Entwicklung und Armutsminderung. Die erforderlichen Investitionen sind hoch, die Zahl von Arbeitsplätzen gering. Eine Weltbankstudie stellte fest, dass Länder,

---

[2] World Bank, World Development Report 1992, Development and the Environment, 1992 (Oxford University Press)

[3] Vice Presidency for Environmentally and Socially Sustainable Development (ESSD)

[4] So lobt sich die Weltbank in ihrem Issue Brief »The World Bank and the Environment« (September 2005) selbst: »Since the inception of the GEF, the World Bank Group has mobilized 13,3 Mrd. US-Dollar, as of mid-Fiscal Year 2005, in public and private funds in biodiversity conservation; climate change; ozone depleting substances; and international waters.«

[5] Siehe zum Beispiel SAPRIN, Kapitel 7: The Socioeconomic and Environmental Impact of Mining Sector Reform, mit Beispielen aus Ghana und Philippinen.

die in hohem Maße abhängig sind von der Ausfuhr von Mineralien, oft niedrigere Wachstumsraten, niedrigeren Lebensstandard, einen höheren Armutsanteil und größere Einkommensunterschiede als andere Länder haben.[6] 18 der rund 50 Entwicklungsländer, für die Erdöl, Erdgas oder Bergbau volkswirtschaftlich bedeutsam sind, gehören zu den hoch verschuldeten armen Ländern (HIPC), einige rangieren auf den untersten Rängen des UNDP-Indexes für menschliche Entwicklung (*Human Development Index*), ein Widerspruch, der als »Ressourcenfluch« bezeichnet wurde.

Es sind überwiegend die privatwirtschaftlich orientierten Mitglieder der Weltbankgruppe, die Garantieagentur MIGA und die Finanzierungsinstitution IFC, die in diesem Sektor aktiv werden. In der Abteilung OGMC (Öl, Gas, Bergbau und Chemie) koordinieren sie ihre Arbeit eng mit der IBRD, die den Draht zur Politik hat. Erklärtes Ziel ist es, private Investitionen zu fördern und die Regierungen zu beraten, wie sie ein positives Investitionsklima schaffen können. Unter den Empfängerländern sind viele mit undemokratischen, korrupten und instabilen Regierungen, darunter die Demokratische Republik Kongo und Tschad.

Das finanzielle Engagement der Weltbankgruppe im Rohstoffsektor, das im Haushaltsjahr 1998 mit über 1,8 Mrd. US-Dollar einen Höchststand hatte, war seither rückläufig. Im Finanzjahr 2002 betrug es nur noch etwa 500 Mio. US-Dollar. Der Anteil des extraktiven Sektors an der gesamten Kreditvergabe der IFC ging von 22% 1990 auf 6% 2001 zurück, ebenso bei der MIGA, wo er 2003 bei 11% lag.

Einer der Gründe dafür war die breite und heftige Kritik an den negativen ökologischen und sozialen Auswirkungen von Erdölindustrie und Bergbau und ihrem geringen Beitrag zur Armutsminderung. Daraufhin erklärte die Bank ein Moratorium auf die Kreditvergabe für Kohleprojekte und setzte 2001 eine Kommission unter dem früheren indonesischen Umweltminister Emil Salim ein (*Extractive Industries Review*, EIR). Ihr Abschlussbericht, der 2004 vorgelegt wurde, enthielt eine sehr grundsätzliche Kritik an der Weltbank.

Die Politik der Weltbankgruppe, so heißt es im Abschlussbericht,[7] zielt vorrangig auf die Förderung ausländischer, meist privater Unter-

---

[6] World Bank Group Mining Department, Treasure or Trouble? Mining in Developing Countries, 2002, Washington DC

[7] Extractive Industries Review Team, Striking a Better Balance: The Extractive Industries Final Report, Washington DC 2004

Orissa – Hilflose Helfer

Ende 2002 berichtete das *Inspection Panel* der Bank über die *Coal India*-Projekte, dass »viele der durch das Projekt vertriebenen Menschen nicht (angemessen) entschädigt wurden und deswegen bis heute leiden«. Dieses Projekt war intensiv von Weltbank-Mitarbeitern überwacht worden. Doch die »Kenntnisse des Teams über die Situation vor Ort waren beschränkt und ihre Versuche, Probleme zu verhindern, hatten praktisch keinerlei Auswirkungen.«

www.Brettonwoodsproject.org

nehmen. Oft wurden Privatisierungen und Liberalisierungsmaßnahmen durchgeführt, bevor wirksame gesetzliche und regulatorische Rahmenbedingungen existierten, »um Marktversagen zum Nachteil von Armen, der Umwelt oder der Wirtschaft zu begegnen.« Gleichzeitig reichten die bestehenden *Safeguard policies* der Weltbank nicht aus, um gravierende Schäden durch die Projekte zu verhindern. Die »Zunahme von Umweltzerstörungen konnte durch die marginalen Verbesserungen im Umweltschutz, die durch die Weltbankhilfe erreicht wurden, nicht wettgemacht werden«, urteilt der Bericht. Die Weltbank lobte den Bericht, schmetterte seine Forderungen aber größtenteils ab.

Konsequenterweise stieg die Mittelvergabe der Weltbankgruppe für den extraktiven Sektor seither wieder an – bis 2006 um rund 40%. Allein das Portfolio der IFC für private Unternehmen lag gegenüber dem Vorjahr mit 509 Mio. US-Dollar um mindestens 52% höher.[8] Die Abteilung OGMC erwartet, dass die Finanzierung von Investitionen in natürliche Ressourcen durch die Weltbankgruppe weiter steigen wird, unter anderem wegen des wachsenden Interesses von Investoren aus Ländern wie Indien und China und der hohen Rohstoffpreise.[9]

Zum Beispiel stellt die MIGA für anlaufende Bergbauvorhaben in der Demokratischen Republik Kongo in den kommenden drei bis vier Jahren 500 Mio. US-Dollar bereit (World Bank Press Review 23.11.2006). Dazu gehören auch die laufenden Garantien für die Anvil Mining Ltd, die die Kupferminen Dikulushi und Kulu in der Katanga-Provinz im

---

[8] Siehe BIC: IF-Eye Newsletter # 13, 2.February 2007, www.bicusa.org/en/Article.3125. aspx, siehe auch: BIC: Extractive Industries Review Update, September 2006

[9] IFC Press Release December 9, 2005: World Bank Group Releases Data on its Extractive Industries Portfolio, www.ifc.org/ifcext/pressroom, Zugriff am 1.12.2006

Guatemala – Gold und Dreck

2004 stellte die IFC einen 45 Mio. US-Dollar-Kredit für das kanadische Unternehmen Glamis Gold Ltd. bereit, das in Guatemala die größte Goldmine Mittelamerikas betreibt. Um den großen Bergbauunternehmen ihre Kredite bzw. ihre Kapitalbeteiligung schmackhaft zu machen, bietet die IFC den Betreibern außerdem »Beratung« im Umgang mit politischen, sozialen und Umweltrisiken an.

Die neue Mine, die laut IFC ein Präzedenzfall für »sozial und ökologisch nachhaltigen Bergbau« werden und einen Beitrag zur Erfüllung der Millenniums-Entwicklungsziele leisten soll, wurde 2003 von der Regierung bewilligt, ohne die lokale Bevölkerung zu konsultieren. Statt 4.000 Arbeitsplätzen für Einheimische, wie von Glamis Gold versprochen, gab es nur 160. Laut Konzessionsvertrag erhält die Firma 99% des Gewinns, den Rest sollen sich der Staat und die beiden betroffenen Gemeinden teilen. Für die Gewinnung von einem Gramm Gold muss eine Tonne Erde bewegt werden, zum Auswaschen werden 100.000 Liter Wasser die Stunde benötigt, die dadurch mit Schwermetallen belastet sind. Bereits jetzt ist Trinkwasser in der Region knapp. Mit Protesten und Blockadeaktionen wehrt sich die Bevölkerung daher gegen das Vorhaben.

Die Weltbank und der Privatsektor: Hilfe für die Reichen und leere Versprechungen für die Armen, September 2005 (urgewald)

Südosten des Landes betreibt. Der Minensektor werde der Katalysator sein, um die Wende im vom Bürgerkrieg gebeutelten Land zu bringen und das Wirtschaftswachstum anzukurbeln, erklärt Nick Halkas, bei MIGA verantwortlich für den Bereich extraktiver Industrien.

Angesichts solcher Aussagen und der fehlenden Bereitschaft der Weltbank, die Empfehlungen der Salim-Kommission umzusetzen, wächst die Kritik von Nichtregierungsorganisationen. Sie fordern die Bank auf, anstelle allgemein gehaltener Behauptungen, dass Kredite und Kapital für private Unternehmen »die Armut verringern und die Lebensbedingungen der Menschen verbessern« würden, endlich Punkt für Punkt und Projekt für Projekt nachzuweisen, welche »Entwicklungswirksamkeit« ihre Investitionen zum Beispiel in den Goldbergbau als eine der sozial und ökologisch zerstörerischsten Industrien wirklich haben.[10]

---

[10] The World Bank Group's Gold Mining Operations. Tarnished Gold: mining and the unmet promise of development, September 2006, www.bicusa.org

2. Beitrag zum Treibhauseffekt

Ein besonderer Aspekt der Umweltschäden durch Erdöl, Erdgas und
Kohle ist der Klimawandel, der eine gewaltige Herausforderung darstellt und dessen Auswirkungen wie lang anhaltende Dürreperioden
und häufigere, heftige Unwetter insbesondere die Armen treffen, die
sich kaum schützen können.

Gleichzeitig haben 2,4 Milliarden Menschen, die meisten davon
Arme, immer noch keinen Zugang zu sauberen, effizienten Koch- und
Heizenergien, 1,6 Milliarden sind ohne Strom – mit gravierenden sozialen, wirtschaftlichen und ökologischen Folgen. In vielen Ländern
benötigen Frauen jeden Tag mehrere Stunden, um Brennmaterial zu
sammeln. Dezentrale erneuerbare, also nicht-fossile Energiequellen wie
Wind, Sonne, moderne Biomasse, Geothermik oder kleine Wasserkraftwerke können sowohl für die Umwelt als auch für die Verringerung der
Armut ein Gewinn sein.

Jahrzehntelang konzentrierte sich die Kreditvergabe der Weltbank
im Energiesektor auf zentralisierte, große, netzgebundene Wärme- und
Wasserkraftprojekte sowie auf die Privatisierung öffentlicher, staatlicher Unternehmen. Trotz vieler Versprechungen in den vergangenen 15
Jahren, ihre Energiefinanzierung »zu begrünen«, blieb das Energiesek-
tor-Portfolio der Weltbank »fossil« und finanzierte Energien, die zum
Klimawandel beitragen, sowie herkömmliche Energiekonzepte. Zwischen 1992, dem Jahr des »Erdgipfels« in Rio, und 2004 bewilligte die
Weltbankgruppe rund 28 Milliarden US-Dollar für fossile Energieprojekte – davon 11 Milliarden US-Dollar für 128 Erschließungs-Projekte
in 45 Ländern. Alle zusammen tragen mit über 43 Milliarden Tonnen
zum Treibhauseffekt bei.[11] Nahezu die Hälfte dieser Erdöl-, Erdgas- und
Kohleprojekte und über 80% der Erdölprojekte dienen dem Export
– vor allem in die Industrieländer des Nordens.

Dagegen hatte die Salim-Kommission in ihrem Abschlußbericht
2004 die Bank aufgefordert, ihre Mittelvergabe für die Erdölindustrie
schrittweise einzustellen und die Gelder stattdessen für erneuerbare
Energien zu verwenden, die wegen des hohen Investitionsbedarfs und
des geringen Interesses privater Investoren eine öffentliche Anschubfi-

---

[11] Milieudefensie: Exporting climate change and environmental degradation: How
Dutch public money is used to finance the oil industry. Amsterdam, June 2005, 20

nanzierung benötigen. Doch 2005 betrug der Finanzierungsanteil für erneuerbare Energien und Energieeffizienz lediglich 10% der Zusagen für Energieprojekte. Bei der IFC machten erneuerbare Energien und Energie-Effizienz sogar nur 2% der Energiefinanzierung aus. Dabei argumentiert die Bank außerdem auch noch »unsauber«: Denn sie schließt in ihre Angaben über erneuerbare Energie auch die hohen Investitionen für große Wasserkraftwerke ein, obwohl sie nicht nur die Existenzbedingungen von Millionen Menschen gefährden, sondern die Stauseen auch große Mengen von Treibhausgasen freisetzen.

Auch 2006 wurde die Energiebilanz nicht besser.[12] Zwar verkündet die Weltbank stolz, dass die Zusagen der Weltbankgruppe für erneuerbare Energien und Energie-Effizienz gegenüber dem Vorjahr um 48% auf 871 Mio. US-Dollar gestiegen seien. Doch zieht man die umstrittenen großen Wasserkraftwerke ab, bleiben lediglich 680 Mio. US-Dollar für »neue« erneuerbare Energieträger wie Wind, Solarenergie, Geothermik, Biomasse und kleine Wasserkraftanlagen. Davon sind 490 Mio. US-Dollar für Maßnahmen zur Verbesserung der Energie-Effizienz vorgesehen, wovon drei Viertel durch die IFC finanziert werden und in die Privatwirtschaft fließen. Eine Förderung von Energie-Effizienz ist zwar richtig und gut – aber für erneuerbare Energien blieben damit lediglich 190 Mio. US-Dollar übrig, 10% weniger als im Jahr zuvor. Ein guter Teil davon wird vermutlich – wie bereits im Jahr 2005 – nicht aus eigenen Mitteln finanziert, sondern durch die Globale Umweltfazilität GEF. Damit gingen gerade einmal 4% der 4,4 Mrd. US-Dollar, die die Bank nach eigenen Angaben im Finanzjahr 2006 für den gesamten Energiesektor bereitstellte, an Projekte »neuer« erneuerbarer Energien. »Gemessen daran, was notwendig ist, um erneuerbare Energien und Energieeffizienz in Entwicklungsländern zu fördern, sind die Investitionen der Weltbank nur ein Tropfen im Ozean«, urteilt Elizabeth Bast, Friends of the Earth US.[13] Und nur einige wenige Vorhaben dienen der Stromversorgung in ländlichen Gebieten, die direkt den ländlichen Armen zugute kommen würde.

Rückblickend stellt eine Gruppe von NGOs, darunter IRN und urgewald, die die Energiepolitik der Weltbank seit Jahren beobachten, denn

---

[12] World Bank Group's renewable energy numbers exposed, in: Bankwatch Mail 30, October 31, 2006, (Elizabeth Bast, Friends of the Earth US), www.bankwatch.org
[13] In: Bretton Woods Project, update 53, 15.12.2006

Tschad/Kamerun: Ende eines Modellprojekts

Anfangs lobte die Weltbank das umstrittene Erdölprojekt in Zentralafrika, dem sie mit ihrer Kapitalbeteiligung und Millionen-Krediten an Tschad und Kamerun überhaupt erst den Weg frei machte, als »Demonstrationsprojekt, das neue Standards und Herangehensweisen schafft«.[1] Sie pries es als »beispiellosen Rahmen, um Ölreichtum in direkten Nutzen für die Armen umzusetzen«.[2] Seit Herbst 2003 fördert ein Konsortium unter Führung der US-amerikanischen ExxonMobil im Tschad Erdöl, das durch eine über 1000 Kilometer lange Pipeline zum Verladehafen an der Küste Kameruns fließt. Die Weltbank ist stolz darauf, dass sich die Regierung des Tschad verpflichtet hat, die Einnahmen offen zu legen und einen festgelegten Anteil für Maßnahmen zur Armutsminderung zu verwenden.

Doch Anfang 2006 kam es zum Eklat: Die Regierung widerrief die Abmachungen und wollte die Öleinnahmen für Militärausgaben verwenden. Nachdem die Weltbank daraufhin zeitweise ihre Zahlungen einfror, gibt es ein neues Abkommen, das nach den Worten von Weltbankpräsident Paul Wolfowitz der Regierung »mehr Flexibilität« bei der Verwendung der Gelder erlaubt. Inzwischen ist die Bank mit ihrem Eigenlob auch vorsichtiger und sieht das Projekt nicht mehr »als ein Modell für alle Erdöl fördernden Länder«, sondern lediglich als einen Sonderfall.[3]

Mitte Januar 2007 kam das Projekt wieder in die Schlagzeilen, weil in Kribi, am kamerunischen Ende der Pipeline, Öl ausgetreten ist. Die Bevölkerung der Gegend, die zu 75% vom Fischfang lebt, erfuhr von dem Unfall nur aus der Presse. Bei der Gelegenheit stellte sich heraus, dass es den versprochenen Unfallplan nach wie vor nicht gibt.

[1] Zitiert in: Uwe Hoering, Die Weltbank im extraktiven Sektor, in: Informationsbrief Weltwirtschaft & Entwicklung, Sonderdienst Nr. 1/März 2004, 3
[2] Zitiert in: Die Weltbank und der Privatsektor: Hilfe für die Reichen und leere Versprechungen für die Armen, September 2005, 11 (urgewald)
[3] Chad-Cameroon Pipeline – Questions and Answers, 2006 (The World Bank), web.worldbank.org/, Zugriff am 2.1.2007

auch fest, dass sich viele Ankündigungen der Bank für eine bessere Politik im Energiebereich seit 1992 »als hohl erwiesen haben«. Sie wurden nicht durch finanzielle Zusagen unterstützt, die notwendig gewesen wären, um sie zu einer Priorität in der Bank werden zu lassen.[14]

---

[14] How the World Bank's Energy Framework Sells the Climate and Poor People Short, September 2006, 7

3. Investment Framework – Ein neuer Anlauf

Im Auftrag des G8-Gipfels 2005 im schottischen Gleneagles hat die Bank einen neuen Rahmenplan für saubere Energie und Entwicklung, einschließlich geschätztem Investitionsbedarf und Finanzierungsvorschlägen, vorgelegt.[15] Nach Auffassung vieler NGOs verwendet er allerdings eine »irreführende« Definition von sauberer Energie, lässt die Verursacher von Klimaschäden aus den Industrieländern unbehelligt und vernachlässigt die Bedürfnisse der ländlichen Armen.[16]

Der Rahmenplan soll dazu dienen, weltweit mehr Investitionen für den Energiesektor in den Entwicklungsländern zu mobilisieren. Angeblich besteht in den Entwicklungsländern eine »Investitionslücke« von rund 80 Milliarden US-Dollar im Jahr, um den zu erwartenden Energiebedarf zu decken. Ähnlich wie etwa bei der Privatisierung im Wassersektor werden weitreichende Reformen wie der Abbau von Subventionen, gesetzliche und regulatorische Veränderungen, Energieeffizienz und Emissionshandel gefordert, um für die Schließung dieser Lücke private Investoren zu gewinnen.

Der Rahmenplan hält auch fest, dass durch erneuerbare Energien und Energieeffizienz die Emission von Treibhausgasen deutlich verringert werden muss. Gleichzeitig listet er unter den dafür angeblich geeigneten Energieoptionen kontroverse, große und zentralisierte Technologien auf wie die so genannte saubere Kohle[17] und Großstaudämme. Auch Atomkraft wird als Option nicht ausdrücklich ausgeschlossen.[18] Dagegen wird behauptet, Technologien wie Sonnen- und Windenergie seien nicht in größerem Maßstab konkurrenzfähig. Nach verbreiteter Kritik daran, dass der erste Entwurf die Erfordernisse der ärmsten Bevölkerungsgruppen nicht ausreichend berücksichtigte, schob die Bank

---

[15] The World Bank (Vice Presidency for Sustainable Development), An Investment Framework for Clean Energy and Development: A Progress Report, September 1, 2006

[16] Cleaning energy. Ambitious framework proposes coal and large hydro. Bretton Woods Project, issue paper, June 19, 2006

[17] Damit wird Kohle bezeichnet, die chemisch von Mineralien und anderen Verunreinigungen gereinigt wurde. Dadurch ist die Umweltverschmutzung bei der Verbrennung zwar geringer, sie erzeugt aber immer noch erhebliche Treibhausgase.

[18] Das Bundesministerium für Entwicklung und wirtschaftliche Zusammenarbeit, BMZ, hat sich deutlich gegen jegliche Rolle für die Weltbank im Nuklearbereich ausgesprochen. Unabhängig davon schätzen Beobachter die Aussichten, dass die Bank in die Förderung von Atomkraftwerken einsteigt, als eher unwahrscheinlich ein.

einen »Aktionsplan für den Zugang zu Energie« nach, der besonders auf Afrika südlich der Sahara abstellt.

Dennoch sind die Vorschläge weder »sauber« noch umweltfreundlich, noch werden sie den Anforderungen der Armen gerecht.[19] Anstatt sich auf erneuerbare Energien zu konzentrieren, die nahezu keine Treibhausgas-Emissionen haben, wird die Abhängigkeit von fossilen Energieträgern, insbesondere von Kohle und Erdgas, verstärkt. Selbst Großstaudämme nimmt die Weltbank in ihren Energiemix auf, obwohl deren negative soziale und ökologische Auswirkungen bekannt sind. Die Vorschläge helfen außerdem nicht den Armen, da sie vor allem auf einen Ausbau der Stromversorgung durch herkömmliche Methoden wie zentrale, große Kraftwerke und Stromnetze setzten, um so wirtschaftliches Wachstum anzukurbeln. Anstatt eine Verlagerung der Investitionen auf erneuerbare Energiequellen vorzuschlagen, wird »großen regionalen Wasser- und Wärmekraftwerken« Vorrang eingeräumt. Doch arme Bevölkerungsgruppen sind meist nicht an das Stromnetz angeschlossen, sodass eine höhere Stromerzeugung an ihnen vorbei geht. Der Ansatz ist daher nach wie vor im Grundsatz verfehlt. Zwar wird die Notwendigkeit der Armutsminderung angesprochen, doch um sie zu erreichen und gleichzeitig dem Klimawandel zu begegnen, wäre die stärkere Förderung erneuerbarer Energie der erfolgversprechendere Weg.

Die bisherigen Erfahrungen mit der Politik der Weltbank im Energie- und Klimabereich lassen sie zudem nicht als besonders geeignet erscheinen, die internationalen Bemühungen im Kampf gegen den Klimawandel anzuführen. Struktur, *Governance*, Entscheidungsprozesse und eine programmatische Vorliebe für neoliberale Lösungskonzepte, die ihren Kreditnehmern oftmals aufgezwungen werden, machen es unwahrscheinlich, dass die Bank die notwendigen Veränderungen wirksam vorantreiben wird. Auch Entwicklungsministerin Heidemarie Wieczorek-Zeul, die Fortschritte bei der Weltbank in Richtung erneuerbare Energien erkennt, räumt ein: »Leider aber haben die Amerikaner wieder gebremst. Das Umsteuern bei der Weltbank dauert also noch etwas« (Interview in: Die Tageszeitung, 4.11.2006).

---

[19] How the World Bank's Energy Framework Sells the Climate and Poor People Short, September 2006, www.ifiwatchnet.org/documents/index.shtml

> *»Die Konzentration der Weltbank auf fossile Energieprojekte wird den Armen keine Elektrizität bringen. Stattdessen werden die Vorschläge der Bank zu mehr Verschmutzung, Konflikten und Korruption führen und wenig dazu beitragen, den Klimawandel zu stoppen.«*
> *(Pantoro Tri Kuswar, Friends of the Earth Indonesia/WALHI)*[20]

4. Vorrang für Wachstum

Die Weltbank behauptet, dass ihre Politik die Anforderungen von Entwicklung, Umweltschutz und Armutsminderung in Einklang bringt.[21] Doch wie die oben zitierte Aussage von Paul Wolfowitz zeigt, die durch ähnliche Stellungnahmen aus dem Management bestätigt wird,[22] ist die Weltbank dabei, wieder zu einer Position zurückzukehren, die vor dem »Erdgipfel« in Rio verbreitete Lehrmeinung der Entwicklungsstrategen war – wenn sie sie überhaupt jemals wirklich aufgegeben hat. Danach gilt Wirtschaftswachstum als die Voraussetzung für Armutsminderung und Umweltschutz, Maßnahmen zu seiner Förderung wie Finanzstabilität, Liberalisierung und Privatisierung müssen also Vorrang haben. Erst in einer »zweiten Phase«, so Wolfowitz, könne man sich dann um die Nachhaltigkeit kümmern.

Dementsprechend betreibt die Weltbank weitgehend eine nachsorgende Umweltpolitik. Verfahren zur Abschätzung der Umweltauswirkungen sollen Folgeschäden verringern, spezielle Initiativen wie die Umweltfazilität GEF Umweltkosten auffangen. Selbst die interne Evaluierungsabteilung OED moniert, es fehlten Ansätze, um Umweltfragen von vornherein in die Kreditvergabe und die Politikberatung in so zentralen Bereichen wie Landwirtschaft, Energie oder Transport und Verkehr zu integrieren.[23]

Stattdessen vertraut die Weltbank darauf, dass wirtschaftliche Liberalisierung, der private Sektor und marktwirtschaftliche Ansätze wie

---

[20] Zitiert in: World Bank Energy Framework Sells Climate and People Short – Presseerklärung September 17, 2006

[21] The World Bank and the Environment, Issue Brief, September 2005

[22] Siehe Stellungnahme des Managements zum Annual Review of Development Effectiveness, 2006, Washington DC 2006 (IEG)

[23] Siehe Frances Seymour, Sustaining the Environment at the World Bank, (World Resources Institute), September 2006, 5

Die Bank als Broker

Nachdem mit dem Kioto-Protokoll zum Klima-Rahmenabkommen (UNFCCC) die Grundlagen für den Handel mit CO_2-Emissionsgutschriften gelegt worden war, ergriff die Weltbank die Initiative, um dafür einen Markt aufzubauen.[1] Beobachter sagen voraus, dass er bereits im Jahr 2008 ein Handelsvolumen von 60 bis 250 Mrd. US-Dollar haben könnte. Die Weltbank hat dafür einen Fonds von 350 Mio. US-Dollar zur Verfügung, der von mehreren Unternehmen, darunter BP-Amoco, und Regierungen finanziert wird. Sie ist damit der größte Vermittler von Emissionsrechten. Von jeder Transaktion erhält sie 5% Kommission. Die Bank hat gleichzeitig großen Einfluss auf die Entwicklung der Regeln und Verfahren für diesen neuen Mechanismus. Sie versteht sich als Katalysator, um den Markt zu entwickeln und private Investitionen zu mobilisieren. Das entspricht ihrem Selbstverständnis, marktwirtschaftliche Lösungen für Umweltprobleme voranzutreiben.[2]

[1] A Wrong Turn from Rio. The World Bank's Road to Climate Catastrophe, by Jim Vallette, Daphne Wysham, and Nadia Martinez, Washington D.C. December 2004, (Sustainable Energy and Economy Network, Institute for Policy Studies) www.seen.org
[2] The World Bank and the carbon market. Rhetoric and Reality, April 2005 (CDM Watch)

der Emissionshandel (siehe Kasten »Die Bank als Broker«) durch moderne Technologie, Gewinnanreize, besseres Management und höhere Effizienz eine nachhaltige Entwicklung voranbringen. Dabei zeichnet sich mehr und mehr ab, dass diese Entwicklungsstrategie das Gegenteil bewirkt: Sie treibt zum Beispiel den Klimawandel voran, der nicht nur die armen Bevölkerungsgruppen und Länder besonders belastet, sondern inzwischen durch wachsende finanzielle und wirtschaftliche Belastungen die Wachstumsstrategie selbst in Frage stellt. So warnte der frühere Weltbank-Chefvolkswirt Nicholas Stern jüngst in einem Bericht vor einer Wirtschaftskrise als Folge des Klimawandels.[24]

Das Thema Umwelt-, Ressourcen- und Klimaschutz wird außerdem von der Weltbank benutzt, um die Steigerung ihrer Kreditvergabe im Infrastrukturbereich zu rechtfertigen. So wirbt sie für den Bau neuer Großstaudämme mit dem Slogan der »Wassersicherheit«: Sie würden Schutz gegen Zerstörungen durch Überschwemmungen bringen. Die Modernisierung und Privatisierung der Bewässerungslandwirtschaft

---

[24] The Economics of Climate Change. The Stern Review, 2006 (Cambridge), www.hm-treasury.gov.uk

Die Hauptprofiteure aus Weltbankprojekten im Bereich Fossile Brennstoffe 1992-2004[1]

Rang	Konzern	Herkunft	Mio. US-$	Betroffene Länder
1	Halliburton	USA	2.575,8	Aserbaidschan, Bangladesh, Brasilien, Tschad, Kamerun, Georgien, Indien, Kasachstan, Mosambik, Russland, Thailand
2	Shell	NL/UK	1.888,8	Argentinien, Bangladesh, Bolivien, Brasilien, Kamerun, Gabun, Nigeria, Papua-Neuguinea, Russland, Turkmenistan
3	Chevron Texaco	USA	1.589,8	Kamerun, Tschad, Kolumbien, Kongo, Indonesien, Kasachstan, Papua-Neuguinea, Russland, Thailand
4	Total	Frankreich	1.402,8	Argentinien, Aserbaidschan, Kamerun, Kongo, Georgien, Russland, Thailand, Türkei
5	ExxonMobil	USA	1.367,2	Argentinien, Tschad, Kamerun, Äquatorialguinea, Georgien, Kasachstan, Russland
6	Bechtel	USA	1.226,8	Argentinien, Aserbaidschan, Georgien, Indien, Kasachstan, Russland, Tunesien, Türkei, Turkmenistan
7	BP	UK	1.218,5	Aserbaidschan, Georgien, Kasachstan, Pakistan, Papua-Neuguinea, Russland, Türkei
8	Unocal	USA	938,1	Aserbaidschan, Bangladesh, Georgien, Thailand, Türkei
9	Eni	Italien	917,9	Aserbaidschan, Ecuador, Georgien, Kasachstan, Nigeria, Pakistan, Russland, Türkei
10	BHP	Australien	818,9	Brasilien, Indien, Pakistan, Papua-Neuguinea, Russland
11	British Gas	UK	773,7	Brasilien, Kasachstan, Pakistan, Tunesien
12	Enron	USA	744,8	Aserbaidschan, Brasilien, China, Kolumbien, Georgien, Mosambik, Turkmenistan

[1] Roland Jahn/Daniela Setton, Die Energiepolitik der Weltbank: Eine klima- und entwicklungspolitische Katastrophe, April 2006 (weed Hintergrund). Originalquelle: Jim Valette und Steve Kretzmann, The Energy Tug of War. The Winner and Losers of World Bank Fossil Fuel Finance, Washington 2004, 4 (Institute for Policy Studies)

würde dazu beitragen, das Wassermanagement durch effizientere Technologien und höhere Wasserkosten zu verbessern und damit zur Lösung der »Wasserkrise« beitragen. Dahinter verbirgt sich allerdings in vielen Fällen nur ihr eigenes Interesse an einer Rückkehr zu »alten« Großprojekten im Rahmen ihrer neuen Infrastruktur-Offensive, nicht die Förderung von alternativen Lösungen, die sowohl umweltverträg-

63

Vertröstung auf die Zukunft

Die frühere Vizepräsidentin der Infrastrukturabteilung, Katherine Sierra, und jetzige Vizepräsidentin der neuen Weltbank-Abteilung »Nachhaltige Entwicklung« räumt ein, dass es nicht gelungen sei, bei Infrastrukturprojekten die Umwelt ausreichend zu berücksichtigen. Es werde mindestens drei Jahre dauern, so Sierra, bis sich die Bemühungen ihrer Abteilung, eine wirtschaftliche Entwicklung ohne Umweltzerstörungen voranzutreiben, wirksam in den Weltbankprojekten niederschlagen werden.

Quelle: Lesley Wroughton, World Bank tackles sustainable development (Reuters, Washington DC), October 30, 2006

licher als auch armutsorientierter wären.[25] Doch dezentrale, preiswerte Lösungen mit einfacher Technologie wie die Regenernte, Tretpumpen für die Bewässerung, kleine Solaranlagen oder Biogas sind weder für eine gewinnbringende Kreditvergabe noch für private Investoren attraktiv.

---

[25] Spreading the Water Wealth. Making Water Infrastructure Work for the Poor, An IRN Report, Berkeley, March 2006

Kapitel 3:
Wachstum, Privatwirtschaft –
und die Menschenrechte?

»Die Bank hat nicht den Auftrag, die Menschenrechte zu fördern.«

Ian Bannon, 2004[1]

Die ökologischen und sozialen Auswirkungen von Projekten der Internationalen Finanzinstitutionen zählen zu den umstrittensten Aspekten der öffentlich finanzierten Entwicklungsinstitutionen: die Zerstörung von Regenwäldern durch den Straßenbau, die erzwungene Umsiedlung von Millionen Menschen durch Großstaudämme, der Beitrag zum Klimawandel durch die Förderung von Kohlebergbau und Ölindustrie oder die soziale Entwurzelung durch neoliberale Wirtschaftsreformen. Während der Anteil der globalen Entwicklungs- und Wachstumsgewinne, der die ärmsten Bevölkerungsgruppen erreicht, gering bleibt, tragen sie einen hohen Anteil an den Kosten des Wachstums – etwa durch Umwelt- und Klimaschäden, durch den Verlust von Ressourcenzugang und -verfügbarkeit, durch Entlassungen bei Privatisierungen, durch Marktöffnung und den Import billiger Agrarprodukte. Viele Kritiker haben darauf hingewiesen, dass die unzureichende Berücksichtigung solcher Auswirkungen bei Projektplanung und -durchführung nicht nur zu sozialem Leid und ökologischer Zerstörung beiträgt, sondern auch die »Entwicklungswirksamkeit« der Projekte und Programme selbst beeinträchtigt.

Während die Weltbank auf vielen Feldern bemüht ist, die Rechte und Interessen privater Unternehmen (Schutz vor Enteignung, investitionsfördernde Rahmenbedingungen, Absicherung gegen wirtschaftliche Risiken wie Wechselkursschwankungen usw.) zu unterstützen und zu schützen, ist die Frage, welche Verpflichtung sie gegenüber den Betroffenen der von ihr mitfinanzierten Projekte und Programme hat, um-

---

[1] Ian Bannon, Manager World Bank Conflict Prevention and Reconciliation Unit, 29.9.2004, zitiert in: Quinones, Adriana, Gender and Post-Conflict Reconstruction: The World Bank Track Record, www.genderaction.org

kämpftes Territorium. Wie steht es mit deren Lebensgrundlagen? Und mit ihren Menschenrechten?

1. Aufweichung der Minimalstandards

Als Antwort auf die Kritik zivilgesellschaftlicher Gruppen an Projekten wie dem Sardar Sarovar-Staudamm in Indien hat die Weltbank (IBRD und IDA) in den 1980er Jahren begonnen, Richtlinien für ihre Kreditvergabe einzuführen, um die Umwelt und schwächere soziale Gruppen vor negativen Auswirkungen zu schützen. Diese inzwischen zehn *Safeguard policies* umfassen Bereiche wie Zwangsumsiedlung, Wälder, indigene Völker, Umweltauswirkungen und Kulturgüter. Nach ihren eigenen Worten formuliert sie damit »Minimalanforderungen, die alle Aktivitäten, die die Bank unterstützt, erfüllen müssen«. Mit einiger zeitlicher Verzögerung beschlossen die Exekutivdirektoren 1998, die Regeln auch für die IFC als verbindliches Regelwerk zu übernehmen.

Seit 1996 versucht die Bank, diese Standards zu »reformatieren« – teils auf Druck von Mitgliedsregierungen, die wie Indien oder China zunehmend selbstbewusst auftreten,[2] teils aus eigenem Antrieb. Zum einen gelten ihre Kosten als eine Belastung für die Bankkunden. Zum anderen sind sie zeitaufwändig und komplex und damit lästig für viele Weltbank-Projektbearbeiter, die eher an einem großen Kreditvolumen interessiert sind (»pressure to lend«), als an möglichen negativen Auswirkungen. Die bisherigen *Safeguards* werden bei dem vorrangigen Interesse, Konzerne, Privatwirtschaft und Investitionsbedingungen zu fördern, zu »Ursachen für Verzögerungen, Lähmungen und höheren Kosten« bei der Kreditvergabe, so die Bank in der neuen Strategie für Länder mittleren Einkommens, die sie gemeinsam mit dem Fonds entwickelt hat.[3]

---

[2] So trat die indische Regierung an die Asiatische Entwicklungsbank ADB heran, um entsprechende Änderungen bei der Bewilligung und Verteilung von Krediten zu erreichen. Unter anderem forderte sie, dass die ADB nicht länger vor einer Kreditzusage eine Projektfreigabe durch ihre eigenen Umweltexperten einholt. Http://timesofindia.indiatimes.com/articleshow/1827016.cms, Zugriff am 1.8.2006

[3] Strengthening the World Bank's Engagement with IBRD Partner Countries, September 7, 2006, 20 (Development Committee)

In dieser 2006 bei der Jahrestagung in Singapur verabschiedeten Strategie versucht sie daher, ein »Ländersystem« voranzutreiben. Wenn die Bank zu der Auffassung kommt, dass ein Land Umweltstandards hat, die ihren eigenen gleichwertig sind, können Projekte von der Anwendung der Richtlinien freigestellt werden. Ähnlich hat die Finanzierungsinstitution IFC ihr *Safeguard policy framework* durch »Performance Standards« ersetzt, um die Geschäftsabläufe zu beschleunigen. Dabei wird die Verantwortung weitgehend auf die privaten Unternehmen selbst verlagert – Stichwort: *Corporate Social Responsibility*. Zwar verankerte der privatwirtschaftliche Arm der Weltbankgruppe damit erstmals die Kernarbeitsnormen der Internationalen Arbeitsorganisation ILO. Doch dieser Ansatz räumt nach Ansicht des *World Resources Institute* WRI den Sachbearbeitern und Geschäftskunden erhebliche Entscheidungsfreiheit ein, wie sie den Schutz von Umwelt und Bevölkerung sicherstellen wollen. Gleichzeitig sieht er nur wenige Mechanismen vor, wie sie dazu verpflichtet werden können.[4] Eine interne Stellungnahme von Umwelt- und Rechtsabteilung der Weltbank bezeichnet die neuen Richtlinien der IFC denn auch als »grundlegende Abkehr von einem Modell mit vorgeschriebenen Regeln, das auf Standards und verbindlicher Übereinstimmung basiert, hin zu einem Beratungs- und Richtlinienmodell mit signifikanter Verwässerung der Standards«.[5]

Allerdings ist die Behauptung, die Kosten für die Einhaltung von *Safeguard policies* seien ein echtes Hindernis für die Kunden der Bank, nur ein Vorwand.[6] Nach Angaben der Bank verursacht die Einhaltung dieser Anforderungen gerade einmal ein Drittel der Kosten, die die immer aufwändigeren Ausschreibungsbedingungen der Bank den Kunden abverlangen.[7] Außerdem sind die späteren Kosten für soziale und ökologische Schäden oft weit höher als die Ausgaben, um sie rechtzeitig zu verhindern – nur fallen sie erst dann an, wenn sich die Bank schon längst wieder verabschiedet hat. Auch wirft die Behauptung die Frage

---

[4] Frances Seymour, Sustaining the Environment at the World Bank, Washington (WRI), September 2006, 7

[5] Zitiert in: Die Weltbank und der Privatsektor, September 2005, 9 (urgewald)

[6] At issue: World Bank social and environmental policies: abandoning resonsibility? Alex Wilks, September 2003, www.brettonwoodsproject.org. Auch die Evaluierungsabteilung OED widerspricht dieser Behauptung ausdrücklich, siehe: Improving World Bank's development effectiveness: What does evaluation show? Washington DC (OED) 2005

[7] Siehe etwa Cost of Doing Business Survey. Final Report, June 2005 (Competitiveness Enhancement Project)

Pakistan – Tödliche Verstöße gegen Safeguards

Betroffene des *National Drainage Program Project* (NDP), das die Weltbank 1997 bewilligte und mit einem Kredit von 285 Mio. US-Dollar unterstützte, legten im September 2004 vor dem *Inspection Panel* Beschwerde ein. Die Untersuchung kam zu dem Ergebnis, dass das Projekt ganz oder teilweise gegen die verbindlichen Richtlinien der Weltbank zur Begutachtung von Umweltauswirkungen, Naturräumen, indigenen Völkern, erzwungener Umsiedlung, Projektaufsicht und Offenlegung von Informationen verstößt. Das Projekt sollte die Drainage in Pakistans Bewässerungssystemen verbessern, um Probleme wie Versalzung und Versumpfung zu beheben. Doch nach Einschätzung des *Inspection Panel* waren die Entwässerungskanäle »technisch und ökologisch gefährlich«. Überschwemmungen, die 2003 mehr als 300 Menschenleben forderten, sind daher teilweise auf das Projekt zurückzuführen.

IRN press release, October 25, 2006, www.irn.org

auf, wer denn die wirklichen »Kunden« sein sollten – die Regierungen oder die ärmsten Bevölkerungsgruppen.

Die »Reformatisierung« der Standards findet auch institutionell ihren Niederschlag. Mitte 2006 verfügte Weltbankpräsident Paul Wolfowitz, dass die eigenständige Abteilung für ökologisch und sozial nachhaltige Entwicklung (ESSD), die nach dem »Erdgipfel« 1992 in Rio de Janeiro eingerichtet worden war, aufgelöst wurde – eine der wenigen Verbündeten innerhalb der Weltbank für Kampagnen und Lobby-Aktivitäten, die sich für die Umwelt und die betroffenen Bevölkerungsgruppen einsetzen. Eingegliedert wurde sie in die Infrastrukturabteilung, die für viele potenziell problematische Projekte wie Straßen, Kraftwerke und Staudämme zuständig ist. Nach Auffassung der Umwelt- und Menschenrechtsorganisation urgewald wird damit der »Bock zum Gärtner« gemacht.

Angesichts der Zusammenlegung von Infrastrukturabteilung und Nachhaltigkeits-Abteilung macht sich auch das Forschungsinstitut WRI in Washington, das seit Jahren eng mit der Weltbank zusammenarbeitet, Sorgen und sieht die *Safeguard*-Ansprüche »in Gefahr«.[8] Die bislang bestehende Überzeugung, »dass die Weltbank bei der Förderung

---

[8] Sustaining the Environment at the World Bank. WRI Policy Note, International Financial Flows and the Environment, September 2006, www.wri.org

Eine neue Forstpolitik

Neben Staudämmen und Bergbauvorhaben waren es vor allem Forstprojekte, welche die heftigsten internationalen Proteste auslösten. In den 1970er und 1980er Jahren führten Weltbankkredite für Landwirtschaft, Landerschließung und Infrastruktur in Waldregionen zu einer massiven Zerstörung von Wäldern, zum Beispiel in Brasilien und Indonesien. Die Bank finanzierte auch den Holzeinschlag in Regenwäldern in Westafrika in den späten 1980er Jahren. Im Oktober 2002 stellte sie eine »neue Forstpolitik« vor – entwickelt gemeinsam mit Naturschützern wie dem World Wide Fund for Nature (WWF). Sie sollte unter anderem dazu beitragen, für 200 Millionen Hektar Wald ein nachhaltiges Forstmanagement umzusetzen. Dennoch gibt es nach wie vor zahlreiche zweifelhafte Vorhaben, insbesondere dann, wenn das Interesse der Weltbank an Privatisierung, Exportorientierung und Liberalisierung und damit ihr Interesse, Kredite für die kommerzielle, exportorientierte Forstwirtschaft zu vergeben, im Vordergrund stehen.

In einem Bericht des *Inspection Panel* wird die Weltbank kritisiert, bei einem Forstprojekt in Kambodscha (*Forest Concession Management and Pilot Control Programme*) gegen ihre eigenen sozialen und ökologischen Richtlinien verstoßen zu haben.[1] Durch das Vorhaben soll die Lebenssituation der Bevölkerung, die zum großen Teil auf Waldressourcen angewiesen ist, verbessert und die Forstwirtschaft für eine nachhaltige Entwicklung des Landes genutzt werden. Doch die Meinung der Betroffenen und das Ziel der Armutsminderung wurden ignoriert. Außerdem stellt der Bericht fest, dass das Projekt durch die Holzmafia kontrolliert wird, die für illegale Abholzung in großem Stil verantwortlich ist. Weltbankpräsident Wolfowitz hat zwar umgehend Abhilfe versprochen – doch was genau geschehen soll, bleibt unklar.[2]

Kambodscha ist kein Einzelfall: Die Untersuchung eines Forstprojekts der Bank in der Demokratischen Republik Kongo (DRC) hat ähnliche Mängel in Projektgestaltung und -durchführung aufgedeckt.[3] Angesichts solcher Berichte sehen NGOs ihre Befürchtungen bestätigt, dass die Bank trotz der Ankündigung einer »neuen Forstpolitik« zu ihren schlechten Zeiten in den 1980er Jahren zurückgekehrt ist, als die Vernichtung von Wäldern und die Missachtung von lokalen Bevölkerungen als Preis für Entwicklung betrachtet wurde.[4]

[1] www.brettonwoodsproject.org/art.shtml?x=538498, 12.11.2006
[2] www.globalwitness.org/campaigns/forests/cambodia/briefing.php
[3] Bretton Woods Project Update 49, 50
[4] Broken Promises. How World Bank Group policies fail to protect forests and forest peoples rights, www.forestpeoples.org/documents/ifi_igo/wb_forest_joint_pub_apr05_eng.pdf

der ökologischen Nachhaltigkeit noch eine angemessene Rolle spielt«, werde schrittweise ausgehöhlt. Eine Aufweichung der Standards wird die Möglichkeiten der Bank beschränken, negative Auswirkungen auf Umwelt und Bevölkerung zu verhindern oder abzumildern und damit ihre bereits begrenzte Rechenschaftspflicht weiter aushöhlen.[9]

2. Frauenrechte – ja, aber...

Bei der 4. Weltfrauenkonferenz 1995 in Peking versprach der damalige Weltbankpräsident Wolfensohn, die Impulse der Konferenz in die Weltbank hineinzutragen. Was der Weltbankchef offenbar nicht verstanden hatte war, dass das Hauptanliegen der in Peking versammelten transnationalen Frauenbewegung die Globalisierung von Frauenrechten als integrierter Teil eines Menschenrechtskonzepts war. Zwar verdoppelte sich im Laufe der 1990er Jahre der Prozentsatz der Weltbankprojekte mit einer Gender-Komponente auf 40%. Doch ist der Frauen-/Menschenrechtsansatz für die Weltbankpolitik immer noch kein normativer Referenzrahmen, ja, in ihrem jüngsten Gender-Aktionsplan[10] nicht einmal der Erwähnung wert.

In ihrem zentralen frauen- und geschlechterpolitischen Handlungsmotiv ist sich die Weltbank seit den 1970er Jahren bis zum neuen Gender-Aktionsplan treu geblieben: die Frauenförderung, das *Empowerment* von Frauen und die Geschlechtergleichheit sind Mittel zum Zweck – sie sollen dazu beitragen, Produktivität, Effizienz und Wachstum zu steigern. Frauen, die besser gebildet, an den PRSP-Prozessen beteiligt und in die Marktwirtschaft integriert sind, betrachtet die Bank als Schlüsselgestalten in der Armutsbekämpfung an der Basis. Wo Frauen Entscheidungspositionen in Politik und Verwaltung besetzen, sieht sie weniger Korruption und eine »sauberere« Regierungsführung. Deswegen sollen Hindernisse dafür, dass Frauen ihr »Human- und Sozialkapital« produktiv in die Wirtschaft und ihre Stimme in die Politik einbringen können, beseitigt werden.

---

[9] At issue: World Bank social and environmental policies: abandoning responsibility, Alex Wilks, September 2003, www.brettonwoodsproject.org

[10] Gender Equality as Smart Economics: A World Bank Group Gender Action Plan (Fiscal Year 2007-10), Washington D.C. September 2006

In diesem Kontext spricht auch die Weltbank von Frauenrechten und Gleichberechtigung. Frauen als Marktakteurinnen sollen dieselben individuellen Eigentumsrechte an Ressourcen, Produktionsmitteln, Unternehmen und Wissen zustehen wie jedem anderen *homo oeconomicus*. Um Marktversagen und Wettbewerbsverzerrungen auszugleichen, sollen Regierungen Land- und Erbrechte von Frauen gesetzlich absichern und Unternehmensgründungen von Frauen legalisieren.

So richtig und wichtig es ist, wirtschaftliche Chancengleichheit voranzubringen, so eindimensional weist die Bank – beispielhaft im neuen Gender-Aktionsplan – Frauen bestimmte Rollen im neoliberalen Marktmodell als selbständige Akteurinnen zu, nämlich vor allem als Unternehmerin, als Landbesitzerin, als Kreditnehmerin bei Privatbanken oder als flexible Teilzeitarbeiterin. Dagegen verschwinden die konkreten ökonomischen Tätigkeiten von Frauen als Bäuerin, Kleinhändlerin, Dienstleisterin oder Exportarbeiterin hinter diesen Funktionen als »Marktakteurinnen«. Wenn die Weltbank von Rechten, Ressourcen und Partizipation an politischer Entscheidung spricht, meint sie ein individualistisches liberales Rechtskonzept und eine Rechtsgleichheit, die von konkreter gesellschaftlicher Ungleichheit absieht. Wo das neoliberale Weltbild und der Menschenrechtsansatz einander entgegenstehen, ordnet die Weltbank dem Wachstumsziel den Rechtsansatz unter. Das bedeutet zum Beispiel Vorrang für Kostensenkung, Lohndiskriminierung gegenüber Frauen und Effizienzsteigerung durch Flexibilisierung vor Arbeits- und Gewerkschaftsrechten. Länder mit unzulänglichem Schutz der Rechte von Beschäftigten werden im *Doing Business Report* 2007 der Weltbank als attraktive Investitionsstandorte eingestuft, im Widerspruch zu Standards der ILO.[11]

Aber selbst mit ihrem individualistisch und neoliberal verkürzten Rechtsansatz wird die Bank ihren eigenen Ansprüchen zum *Gender Mainstreaming* nicht gerecht. Nur drei der 13 Armutsminderungsstrategien (PRSPs), die 2002 vorlagen, sind »gegendert« (Ruanda, Sambia und Malawi), nur in zwei davon findet sich ein Frauenrechtsansatz. In keiner einzigen werden die geschlechtsspezifischen Implikationen von Liberalisierungs- und Privatisierungsmaßnahmen bedacht. Während die Bank ihr *Gender Mainstreaming* im Bildungs- und Gesundheits-

---

[11] Bretton Woods update, number 53, November/December 2006, www.brettonwoods project.org

Frauen als Mehrzweckwaffe

Früher bildeten sich Frauengruppen in indischen Dörfern oft aufgrund von Konflikten zwischen Kasten oder in Kämpfen um Ressourcen und Rechte. Seit die Weltbank Kleinkredite für Frauen als Wunderwaffe gegen die Armut mit stattlichen Mitteln fördert, ist »Selbsthilfe« zu einem Synonym für Spar- und Kreditprogramme geworden. Als Gegenleistung für die Kredite bekommen die Frauen viel zu tun: Durch »einkommenschaffende Tätigkeiten« wie Kleinhandel, Hühnerzucht oder Gewürzmühlen sollen sie genug verdienen, um Kredit plus Zinsen – oft über 20% – zurückzuzahlen. Sie sollen aber auch als Problemlöserinnen tätig werden: die Gruppen müssen sich verpflichten, Familienplanung zu betreiben und dafür zu sorgen, dass Kinder zur Schule gehen, Bäume gepflanzt, Alkoholismus und Mitgiftsystem unterbunden werden. Manche machen mit, weil die Männer sie dazu drängen, um an das Geld zu kommen. Viele machen mit, weil sie Anerkennung, ein Stückchen Selbständigkeit und Selbstvertrauen gewinnen – vorausgesetzt, sie geraten nicht in die Verschuldungsfalle. Die Regierung macht mit, weil sie so die Verantwortung für soziale Aufgaben und Armutsminderung an die Frauen und ihre »Eigeninitiative« abgeben kann. Und die Vielbeschäftigten stellen nicht mehr die alten, unangenehmen Fragen: Wem gehört das Land, das Wasser, das Saatgut, der Körper der Frauen – und die Macht im Dorf? Alles reduziert sich auf die Frage: Wer bekommt einen Kredit?

Srilatha Batliwala; Deepa Dhanraj, Gender-Mythen, die Frauen instrumentalisieren, in: Peripherie Nr. 103, 26.Jg., September 2006, 373-384

bereich insgesamt als zufriedenstellend bewertet, ist die makro-ökonomische Politik der Bank nach wie vor geschlechterblind.[12] Tatsächlich bleibt die Bank aber auch in den sozialen Sektoren meist bei Defizitanalysen und Vulnerabilitätskonzepten stehen – nach dem Muster »Frauen mangelt es am Zugang zu...« Die Ursachen der Defizite und der strukturellen Geschlechterungleichheiten werden jedoch nicht analysiert.[13]

Die Bank verstrickt sich in den Widerspruch, einerseits durch länderspezifische *Country Gender Assessments* den jeweils besonderen Lebens- und Problemlagen von Frauen sowie ihren unterschiedlichen

---

[12] Zuckerman, Elaine; Qing, Wu: Reforming the World Bank: Will the Gender Strategy Make a Difference?, Washington D.C., 2005

[13] Siehe auch Birte Rodenberg, Zur Integration von Gender in nationale Strategien der Armutsbekämpfung: Das Beispiel Ghana, Bonn 2001 (DIE)

Rechtsansprüchen und Rechtswirklichkeiten gerecht werden zu wollen, sich andererseits aber mit einem immer gleichen wirtschaftspolitischen Paket von Maßnahmen (»one size fits all«) über alle länder-, entwicklungs- und kulturspezifischen Bedingungen hinwegzusetzen,[14] wie mit der Privatisierung von Staatsbetrieben und sozialen Sicherungssystemen, der Förderung der ökonomischen Selbständigkeit von Frauen durch Unternehmensgründung und Zugang zu Finanzdienstleistungen, der Beseitigung von Subventionen und staatlichen Umverteilungsmaßnahmen oder der Stärkung individueller Konkurrenzfähigkeit. Dieser Widerspruch drückt sich in der Praxis darin aus, dass sich Sektorprogramme, etwa zur ländlichen Entwicklung, nicht mit der Feminisierung der Armut auseinandersetzen, die im *Country Gender Assessment* ausführlich diskutiert wird.[15] In Infrastrukturprogrammen finden geschlechtsspezifische Bedürfnisse und Auswirkungen keine Erwähnung. Es besteht also in Bezug auf eine Geschlechterperspektive kein innerer Zusammenhang zwischen den sozialen und den ökonomischen Programmen der Bank.

Die ökonomische Prioritätensetzung der Weltbank zeigt sich zum Beispiel im neuen chinesischen Rentensystem, wo sie ein Kapitaldeckungsprinzip und den Aufbau von Pensionsfonds fördert. Frauen, die bereits mit 50 oder 55 Jahren pensioniert werden und oft in Jobs mit niedrigerem Einkommen als Männer arbeiten, werden dadurch deutlich benachteiligt, das Risiko weiblicher Altersarmut ist vorprogrammiert. Mit dieser Privatisierung des Rentensystems verpflichtet sich die Weltbank mehr den Interessen des Finanzmarkts als den Rechten armer Bevölkerungsgruppen, in der Mehrzahl Frauen, oder dem Ziel sozialer Gerechtigkeit.[16]

Mit der Eindimensionalität ihres Denkens und ihrer Programmatik, wo die Märkte, ihr optimales Funktionieren und ihr Wachstum im Zentrum stehen, hebelt die Weltbank gleichzeitig andere Ansätze des Wirtschaftens wie Gegenseitigkeit, soziale Verpflichtung und moralische

---

[14] Siehe zum Beispiel Kundhker, Nasreen: A Gentle Touch? Gender and the World Bank – Critical Assessment, Vortrag bei der Tagung »Reforming the World Bank: Will the Gender Mainstreaming Strategy Make a Difference?«, Heinrich-Böll-Stiftung, Washington D.C., 13.1.2004

[15] Vgl. zum Beispiel zu China: Zuckerman/Qing, 2005

[16] Christa Wichterich, Fallbeispiel China: Gender, Handelsliberalisierung und soziale Sicherheit nach dem WTO-Beitritt. In: Brigitte Young (Hrsg.), Die Politische Ökonomie des Dienstleistungsabkommens (GATS). Gender und EU und China, Baden-Baden 2007

Rechte indigener Völker

Indigene Völker, die oft in weitgehend unerschlossenen Lebensräumen leben, sind von industriellen Großprojekten wie Bergbau, Staudämmen und kommerzieller Forstwirtschaft besonders stark betroffen, da sie ihre gesamte Lebensweise vernichten können. Die Konvention 169 der Internationalen Arbeitsorganisation ILO ist das einzige rechtsverbindliche Dokument zum Schutz und zur Förderung indigener Völker. Sie wurde bislang nur von knapp 20 Staaten – nicht aber der Bundesrepublik – ratifiziert.

Die Weltbank war 1982 die erste internationale Finanzinstitution, die als Reaktion auf die heftige Kritik an den negativen Auswirkungen ihrer Politik auf indigene Völker interne Richtlinien für die Wahrung einiger Rechte indigener Völker entwickelte. 2003 stellte die interne Evaluierungsabteilung allerdings fest, dass bei einem Drittel aller Projekte, die Auswirkungen auf indigene Bevölkerungsgruppen hatten, die entsprechenden Richtlinien nicht angewendet wurden.[1] Unter anderem fordern Angehörige indigener Völker von der Weltbank Entschädigung für die Leiden, die sie durch den Bau des Chixoy-Damms in Guatemala erlitten. Anfang der 1980er Jahre wurden tausende gegen ihren Willen vertrieben und lebten lange Zeit in elenden Wohnsiedlungen unter strikter Militärkontrolle. Bei Protesten hatte das Militär 1982 auch über 400 Menschen brutal ermordet.

Die Aufweichung der *Safeguard Policies* stellt auch die indigenen Völker schlechter und fällt weit hinter die im internationalen Recht festgelegten Vorgaben zurück.[2] So wird das inzwischen allgemein anerkannte Prinzip einer auf solider Informationsbasis beruhenden Zustimmung *(Free prior informed consent)* auf eine rechtzeitige »Konsultation« reduziert.

[1] At issue: World Bank social and environmental policies: abandoning responsibility? September 2003, www.brettonwoodsproject.org
[2] Die Weltbank und der Privatsektor, September 2005, (urgewald)

Ökonomie systematisch aus, die (nicht nur) in den ökonomischen Zusammenhängen von Frauen bedeutsam sind. Die markttotalitäre Botschaft »There is no alternative« lässt keine alternativen Formen des Wirtschaftens zu, die auf einem Recht auf Versorgung, auf sozialer Sicherheit und Gerechtigkeit aufbauen, um die Trennung von Sozialem und Ökonomie zu überwinden und Menschenrechten den Vorrang vor Markteffizienz und Wirtschaftswachstum zu geben.

>*Etwa 7% der Weltbank-Mitarbeiter und Berater sind Umweltexperten, weniger als 1% sind Gender-Experten. Jedes Vorhaben muss auf Umweltauswirkungen überprüft werden, eine ähnliche Verpflichtung für Gender-Auswirkungen besteht nicht.« (Elaine Zuckerman/Wu Qing)*[17]

3. Weltbank in der Verantwortung, Mitglieder in der Pflicht

Sind Multilaterale Entwicklungsbanken in ihrem Handeln durch internationale Menschenrechtsnormen gebunden? Bis vor kurzem hat die Weltbank wiederholt erklärt, sie sei nicht befugt, sich mit Menschenrechten zu befassen, ja, es sei ihr sogar untersagt. Als Begründung verweist sie auf entsprechende Vorschriften in den Satzungen von IBRD und IDA. Zunehmend setzt sich allerdings die Auffassung durch, dass internationale Menschenrechtsnormen auch für multilaterale Entwicklungsbanken verbindlich sind.[18] Generell sind sie als internationale Rechtsperson auch internationalem Recht unterworfen. Damit sind sie nicht nur an internationale Abkommen gebunden, deren Mitglieder sie sind, sondern auch an allgemeine Regelungen internationalen Rechts, wie etwa die Menschenrechtsgesetzgebung. Und selbst wenn die Entwicklungsbanken nicht selbst die internationalen Menschenrechtsverträge unterzeichnet haben, so gehören sie doch Regierungen, die ihrerseits in ihrer überwältigenden Mehrheit die wichtigsten Menschenrechtsabkommen ratifiziert haben. Dazu gehört der Internationale Pakt über wirtschaftliche, soziale und kulturelle Rechte, der von über 80% der Mitglieder der Weltbank, darunter Deutschland, ratifiziert wurde, und die FAO-Richtlinien zur Umsetzung des Rechts auf Nahrung. Diese Regierungen sind verpflichtet, die Instrumente auch außerhalb der eigenen Staatsgrenzen (»extraterritorial«) zu achten und zu schützen. Dies gilt auch für ihr Entscheidungsverhalten in internationalen Organisationen wie der Weltbank.

---

[17] Elaine Zuckerman, Wu Qing, Reforming the World Bank: Will the Gender Strategy Make a Difference? Berlin/Washington D.C. 2005, 1

[18] Germany's extraterritorial human rights obligations in multilateral development banks, October 2006, (FIAN, EED, Brot für die Welt)

Gegenwärtig untersucht keine Entwicklungsbank ihre Projekte auf deren Auswirkungen auf die Menschenrechte. Die Weltbank nimmt zum Beispiel zwar starken Einfluss auf die Minengesetzgebung in vielen Ländern, Vorrang haben dabei jedoch Investitionsklima und Interessen der Investoren, während die ökologischen, sozialen und menschenrechtlichen Aspekte des Bergbausektors nur unzureichend berücksichtigt werden.[19] Sie hat lediglich damit begonnen, neben makroökonomischen Analysen auch makrosoziale und makropolitische Auswirkungen zu bedenken und finanziert gelegentlich eine *Poverty and Social Impact Analysis* (PSIA), zum Beispiel im Rahmen von Armutsminderungsstrategien (PRSPs) oder von Sektorstrategien und Gesetzgebungsreformen. Doch in der Praxis sind diese Analysen sehr begrenzt. Das IFC-Projektdokument für die Goldmine Ahafo in Ghana zum Beispiel weist nicht auf die Notwendigkeit hin, die bestehende Land- und Wassergesetzgebung zu berücksichtigen.[20] Die Anerkennung und Sicherung von Ressourcenrechten – Land, Wasser, Wälder, biologische Vielfalt – sind aber eine wesentliche Voraussetzung für die wirksame Verringerung von Armut und für die Verwirklichung des Rechts auf Nahrung oder auf einen angemessenen Lebensstandard. Mit ihrem Einfluss hat die Weltbank vielfach zur Enteignung dieser Ressourcen und damit zur vielfältigen Verletzung sozialer, wirtschaftlicher und kultureller Menschenrechte beigetragen und die Möglichkeiten von Regierungen eingeschränkt, diese Menschenrechte umzusetzen.

Vor allem ist oft unklar: Wohin können sich die Menschen wenden, wenn etwas schief geht, wenn Zusagen nicht eingehalten werden oder Schäden schlimmer sind als anfangs berechnet? Die Weltbank jedenfalls kann nicht zur Verantwortung gezogen werden, wenn Menschen keine Nahrungsmittel mehr anbauen oder verkaufen können, den Zugang zu Wasser verlieren oder ihre Kinder wegen Schulgebühren nicht zur Schule schicken können. Während die meisten Entwicklungsbanken inzwischen bemüht sind, Bevölkerungsgruppen, die von Projekten betroffen sind, zu konsultieren, Informationen zugänglich zu machen und die geplanten Aktivitäten rechtzeitig bekannt zu geben, werden Fragen

---

[19] Zweifelhafte Beratung. Der Einfluss der Weltbank auf Minengesetze in Afrika – menschenrechtliche Anmerkungen. 2005 (FIAN)

[20] Shannon Lawrence/Nikki Reisch, The World Bank Group, the Extractive Industries Review (EIR) and Governance: Evaluating the Bank Group's implementation of its commitments. January 2006 (Environmental Defense; Bank Information Center)

Ghana: Verstoß gegen das Recht auf Wasser und auf Gesundheit

Am 31. Januar 2006 bewilligte die IFC 125 Mio. US-Dollar für das Bergbauprojekt *Ahafo South* der US-Gesellschaft Newmont in Ghana. Der deutsche Exekutivdirektor stimmte als einziger gegen den Kredit. Fast 10.000 Menschen haben durch die erste Bauphase ihr Land und damit ihre wichtigste Lebensgrundlage verloren. Etwa die Hälfte von ihnen wurde in kleine Reihenhaussiedlungen verfrachtet, was der Richtlinie der Weltbank widerspricht, dass die Betroffenen nach einer Umsiedlung nicht schlechter gestellt sein dürfen als vorher. Sie erhielten lediglich eine geringe Entschädigung für den Verlust ihrer Ernte, nicht aber für das Land. Und als das Unternehmen den Fluss Subri aufstaute, verloren viele den Zugang zu Trinkwasser. Seitdem es den Stausee gibt, wird ein Anstieg der Malaria verzeichnet. Damit verstößt das Vorhaben gegen das Recht auf Wasser und auf Gesundheit.

Germany's extraterritorial human rights obligations in multilateral development banks. Introduction and case study of three projects in Chad, Ghana, and Pakistan. October 2006 (FIAN, EED, Brot für die Welt)

wie Klagemöglichkeiten, wirksame Entschädigungen oder Rechtshilfe bei Projekten, die von Entwicklungsbanken wie der Weltbank finanziert werden, kaum jemals geregelt. Das gilt auch für eventuelle rechtliche Ansprüche gegenüber den Banken selbst.

Ein Grundproblem ist, dass die Kontroll- und Beschwerdemechanismen der Banken die Projekt-Betroffenen nicht als Rechtssubjekte wahrnehmen. Das aber wäre eine Grundvoraussetzung für Entwicklung und wirksame Beteiligung, die von einem Menschenrechtsansatz ausgeht. Solange Kontroll- und Beschwerde-Mechanismen lediglich als Management-Instrumente betrachtet werden, die einen reibungslosen Projektablauf regeln sollen, führen sie eher zur Entmachtung als zum *empowerment* der Betroffenen, da diese als Objekt und nicht als Subjekte des Prozesses betrachtet und behandelt werden, deren Interessen, Auffassungen und Beteiligung mehr oder minder formalistisch »abgehakt« werden.

Nachdem sich die Bank lange Zeit der Diskussion um die Bedeutung der Menschenrechte für ihre Politik verschlossen hat, liegt seit Januar 2006 eine neue Rechtsauslegung des Mandats der Weltbank vor. Darin wird betont, dass sie durchaus berechtigt ist, Menschenrechte gegenüber ihren Mitgliedsstaaten zu thematisieren. Das sei ein »Türöffner« für notwendige weitere Schritte, etwa die Anerkennung der FAO-Leitlinien zur Umsetzung des Rechts auf Nahrung, meint Ute Hausmann

Landreformen – Markt versus Recht

Der unzureichende Zugang der ländlichen Bevölkerung zu Land ist eine Hauptursache von Hunger und Armut. Jean Ziegler, UN-Sonderberichterstatter für das Recht auf Nahrung, schätzt die Zahl der Landlosen auf 500 Millionen. Umfassende Agrarreformen, die diesen Menschen die Verfügung über Land und andere Ressourcen sowie günstigen Zugang zu Dienstleistungen und Infrastruktur verschaffen, sind daher eine Grundvoraussetzung für die Überwindung des Hungers. Ziegler unterstreicht, dass Land- und Agrarreformen eine zentrale menschenrechtliche Staatenpflicht sind, die sich aus dem Menschenrecht auf Nahrung ergibt.

Mitte der 1990er Jahre begann die Weltbank in einer großangelegten Initiative, ein marktgestütztes Landreformmodell durchzusetzen, das anders als »klassische« Landreformen auf die Enteignung von Großgrundbesitz verzichtet und auf das nachfrageorientierte Prinzip freiwilligen Kaufs und Verkaufs setzt (»willing seller, willing buyer«). Landlose Bäuerinnen und Bauern sollen den Eigentümern demnach das Land abkaufen und dafür den vollen Marktpreis zahlen. Dafür wird ihnen in der Regel ein Kredit vom Staat zur Verfügung gestellt.

In einer umfassenden Dokumentation bisheriger Projekte in Brasilien, Kolumbien und Südafrika zeigt sich, dass marktgestützte Landreformen hinter den Versprechungen der Weltbank weit zurückgeblieben sind – sowohl was den Umfang der transferierten Ländereien als auch was die wirtschaftliche Nachhaltigkeit betrifft.[1] Nur die wenigsten Käufer bzw. Käuferinnen werden in der Lage sein, ihre Kredite zurück zu zahlen. Damit droht ihnen der Verlust des Landes. Die ausschließliche Förderung marktgestützter Landreformen durch die Weltbank hat darüber hinaus zu einer Verdrängung staatlich gelenkter Landreformen geführt, was eine Verhinderung der vollen Gewährleistung des Menschenrechts auf Nahrung bedeutet.

[1] Zugang zu Land. Zwischen Markt und Menschenrechten. Die Weltbank entdeckt die Landreform. September 2003 (FIAN-Deutschland)

von FIAN Deutschland.[21] Trotzdem ist die Frage bislang nicht eindeutig entschieden, wer für die Verletzung von Menschenrechten durch das Bewässerungsprojekt *National Drainage Program* in Pakistan, für das Ausbleiben einer angemessenen Entschädigung wie im indischen Berg-

[21] Ute Hausmann, Weltbank: Das Recht auf Nahrung und die deutsche Verantwortung, in: Magere Bilanz – Deutsche Hungerpolitik zehn Jahre nach dem Welternährungsgipfel, Bonn 2006 (Forum Umwelt & Entwicklung)

baugebiet Orissa oder für Gesundheitsschäden und den Verlust von Zugang zu Wasser durch den Goldbergbau in Ghana verantwortlich ist. Sicherlich ist das in erster Linie die jeweilige Regierung. Aber auch die Internationalen Entwicklungsbanken, die beteiligten privaten Unternehmen und die Anteilseigner der multilateralen Entwicklungsbanken – also auch die deutsche Bundesregierung –, die sich international dazu verpflichtet haben, die Menschenrechte zu respektieren, müssen sich der Verantwortung stellen. Sie können nicht Projekte planen, absegnen und durchführen, die massive Umsiedlungen und andere Auswirkungen und Folgen zeitigen, die immer wieder zu schwerwiegenden Menschenrechtsverletzungen führen, aber die Verantwortung auf die jeweilige Regierung, auf angebliche Korruption, auf fehlende Institutionen oder auf mangelnden politischen Willen abwälzen. Sie sind alle aufgerufen, solche Menschenrechtsverletzungen so weit wie möglich präventiv zu verhindern.

Kapitel 4:
Lektionen ohne Lehren

»Die Weltbank hat ihre eigene Entwicklungs-Ideologie geschaffen. Wenn Fakten dieser Theorie widersprechen, dann stellt die Bank nicht die Theorie in Frage, sondern versucht die Fakten zu verdrehen, um das Dogma zu retten.«
Éric Toussaint, CADTM, November 2006[1]

Teils aufgrund von Fehlschlägen, wie sie interne Auswertungen aufzeigen, teils aufgrund von Kritik seitens von Mitgliedsregierungen, betroffenen Bevölkerungsgruppen oder NGOs hat die Weltbank immer wieder Reformen angekündigt und durchgeführt. Immer wieder hat sie versprochen:»Wir haben gelernt. Die ganze Welt hat gelernt«.[2] Zunehmend rückte dabei der Anspruch größerer Wirksamkeit bei der Armutsminderung, von mehr Transparenz, Beteiligung und *Ownership* in den Vordergrund. Denn die Reformen sollen kein Selbstzweck sein: Geboren aus den Erfahrungen des Versagens und der Widerstände, sollen sie dazu beitragen, die Politik besser, wirksamer, erfolgreicher zu machen – das zu erreichen, was heute unter dem Schlagwort *Development effectiveness* oder *Aid effectiveness* läuft – und sie damit gleichzeitig zu legitimieren. Die Praxis zeigt allerdings ein anderes Bild als das selbst verkündete Ideal einer runderneuerten, lern- und reformwilligen Entwicklungsinstitution.

1. Partizipation ausgehebelt

So gibt es inzwischen zahlreiche Beispiele dafür, dass die Bank ihren eigenen Anspruch auf Partizipation und Lernbereitschaft fallen lässt, wenn ihr die Ergebnisse partizipatorischer *Multistakeholder*-Prozesse

---

[1] The World Bank's Theories on Development, www.cadtm.org/article.php3?id_article=2190

[2] Armeane M. Choksi, Vizepräsident Human Resources Development, in: Die Zeit, 28.4.95

nicht passen, und die Umsetzung in ihre Arbeit, Richtlinien und Verfahrensweisen verweigert.

SAPRI: Bereits 1996 hatte die Weltbank zugestimmt, gemeinsam mit NGOs und willigen Regierungen eine Auswertung ihrer höchst umstrittenen Strukturanpassungsprogramme durchzuführen. Diese *Structural Adjustment Participatory Review Initiative* (SAPRI) fand in einer Reihe von Ländern statt, darunter Bangladesh, El Salvador, Ghana, Uganda und Ungarn.[3]

Die Bewertung der wirtschaftlichen, sozialen und ökologischen Auswirkungen eines breiten Spektrums von Strukturanpassungsmaßnahmen wie Handelsliberalisierung, Privatisierung, Arbeitsmarktreformen und Anpassungsprogramme für den Agrarbereich kam zu dem Ergebnis, dass grundlegend andere, neue Ansätze in der Wirtschaftspolitik notwendig sind. Um Armut und wirtschaftliche Ungleichheit zu verringern, müssten vorrangig eine einheimische, arbeitsintensive Wirtschaft entwickelt werden, die Rechte und die Kaufkraft der Beschäftigten gestärkt, eine kleinbäuerliche Landwirtschaft und die Ernährungssicherheit unterstützt sowie der Zugang zu einer sozialen Grundversorgung für alle sichergestellt werden.[4]

Als die Weltbank feststellte, dass die Auswertung nicht zu einer Rechtfertigung ihrer Politik führte, zog sie sich zunehmend aus dem Verfahren zurück. Und obwohl Weltbank-Präsident Wolfensohn die Ergebnisse als »wichtig« und »berechtigt« bezeichnete, hat die Bank in keinem Land zentrale Erkenntnisse der Initiative umgesetzt. Damit »demonstrierte sie die Unaufrichtigkeit ihrer Behauptung, sie sei daran interessiert, zivilgesellschaftliche Gruppen in Versuche einzubeziehen, kontroverse Themen und Probleme anzugehen«, klagen die beteiligten NGOs.

World Commission on Dams: Die Beteiligung der Bank an kontroversen Großprojekten wie dem Sardar Sarovar-Damm am indischen Narmada-Fluss löste heftige lokale Konflikte und internationale Kampagnen aus, die nicht nur zum Rückzug der Bank aus dem Projekt beitrugen, sondern auch dazu führten, dass sie ihre Finanzierung von Großstaudämmen deutlich reduzierte. 1997 stimmte sie zu, eine unabhängige

---

[3] Siehe www.saprin.org

[4] SAPRIN, The Policy Roots of Economic Crisis and Poverty. Executive Summary, April 2002, 22

81

Bestandsaufnahme des Beitrags großer Staudämme zur Entwicklung zu unterstützen. Wolfensohn selbst lobte die Kommission wiederholt als ein Modell, wie Konflikte im Entwicklungsbereich durch *Multistakeholder*-Prozesse gelöst werden können.

Die Kommission legte ihren Abschlussbericht im November 2000 vor.[5] Er stellte den Beitrag von Großstaudämmen zu einer nachhaltigen Entwicklung gründlich in Frage und kritisierte heftig die Rolle von Finanzinstitutionen wie der Weltbank, die Projekte ohne ausreichende Berücksichtigung der ökologischen und sozialen Folgen und der verfügbaren Alternativen vorantrieben. Zu den Empfehlungen und Richtlinien für die zukünftige Durchführung von Wasserkraftprojekten gehörte eine unvoreingenommene Bestandsaufnahme aller vorhandenen Alternativen, von der Rehabilitierung bestehender Anlagen und der Verbesserung der Energieeffizienz über Kleinanlagen bis hin zu alternativen Energiequellen, sowie die klare Zustimmung aller Beteiligten und Betroffenen als Voraussetzung für eine Projektbewilligung.

Doch die Weltbank weigerte sich, diese Empfehlungen als verbindlich für ihre Politik und Projekte zu akzeptieren. Natürlich lehnten auch die meisten Unternehmen der Staudamm-Industrie die Empfehlungen ab, ebenso viele Regierungen, darunter begeisterte Staudammbefürworter wie China, Indien und die Türkei.[6] Stattdessen verabschiedete die Weltbank im Sommer 2003 den Infrastruktur-Aktionsplan und eine neue Strategie für den Wassersektor (WRSS, Februar 2003), in denen sie die Rückkehr zur Beteiligung an so genannten *High risk/high reward*-Projekten beschloss. Neue Großstaudämme, etwa in Afrika, seien eine unabdingbare Voraussetzung für »verantwortungsbewusstes Wachstum«.[7]

Extractive Industries Initiative: Als Antwort auf die anhaltenden Klagen zivilgesellschaftlicher Gruppen über den Beitrag von Erdöl-, Erdgas- und Bergbauprojekten zu Klimawandel, zu Menschenrechtsverletzungen, insbesondere an indigenen Völkern, zum Verlust von Ökosystemen und biologischer Vielfalt, die im Jahr 2000 in der Kritik an der Beteiligung der Bank am Tschad-Kamerun-Erdölprojekt (siehe Kasten: Ende eines

---

[5] World Commission on Dams, Dams and Development. A New Framework for Decision-Making, London 2000

[6] Dagegen hat sich Deutschland für die Umsetzung der Richtlinien eingesetzt.

[7] Uwe Hoering, Wasser für Nahrung – Wasser für Profit. Die Wasserpolitik der Weltbank in der Landwirtschaft. Stuttgart, Dezember 2005 (Brot für die Welt)

Laos – Der Dammbruch

Mit Nam Theun II in Laos unterstützt die Weltbank erstmals seit über zehn Jahren wieder ein großes Staudammprojekt. Der 50 Meter hohe Staudamm wird das Wasser des Theun, eines wichtigen Nebenflusses des Mekong, zu einem 450 Quadratkilometer großen Stausee auf der Nakai-Hochebene aufstauen. Der Verkauf des Stroms an den Nachbarn Thailand soll der Regierung Deviseneinnahmen bringen und Wirtschaftswachstum und Armutsminderung fördern. Mehr als 4.500 Angehörige indigener Völker werden umgesiedelt. Die Bank verspricht aber, dass ihre Einkommen innerhalb von sieben Jahren um das Dreifache steigen werden. Die Tatsachen sprechen jedoch dagegen. Die neuen Felder sind zu klein und ungeeignet für den herkömmlichen Reisanbau, die Entschädigungszahlungen unzureichend. Zudem wird der Fischfang flussabwärts, der für über 100.00 Menschen zum Lebensunterhalt beiträgt, halbiert werden. Holzfirmen der Militärregierung haben bereits eine Million Hektar Wald auf dem Hochplateau abgeholzt. Und der wirtschaftliche Nutzen ist fraglich, da Thailand bereits selbst mehr Strom erzeugt, als es benötigt.

www.bicusa.org/en/Project.32.aspx

Modellprojekts, S. 58) kulminierten, veranlasste Weltbankpräsident James Wolfensohn 2001 den *Extractive Industries Review* (EIR). Der Report, an dessen Erstellung Regierungen, NGOs, Wissenschaftler und private Unternehmen beteiligt waren,[8] empfahl unter anderem den Rückzug der Bank aus Energieprojekten und Bergbauvorhaben. Darüber hinaus fordert die Kommission die Bank auf, ihre Umwelt- und Sozialstandards zu verbessern, eine klare Menschenrechtspolitik zu entwickeln und Projekte nur bei Zustimmung lokaler und indigener Gemeinschaften zu fördern. Kriterien wie Rechtsstaatlichkeit, Transparenz und Beteiligung der Öffentlichkeit sollen Voraussetzungen für die Kreditvergabe werden.[9]

»Ich akzeptierte diese Aufgabe im Vertrauen darauf, dass die Weltbankgruppe ehrlich beabsichtigt, sich vom herkömmlichen ›Business as usual-Ansatz‹ zugunsten einer nachhaltigen Entwicklung zu

---

[8] Extractive Industries Review Team, Striking a Better Balance: The Extractive Industries Final Report, Washington D.C. 2004

[9] Siehe Uwe Hoering, Die Weltbank im extraktiven Sektor. In: Informationsbrief Weltwirtschaft & Entwicklung, Sonderdienst Nr. 1/März 2004

verabschieden, (..) mit Armutsminderung als wirtschaftlichem, der Verbesserung der Menschenrechte als sozialem und der Erhaltung der ökologischen Systeme als Umwelt-Ziel.« (Emil Salim, Vorsitzender des Extractive Industries Review Team)[10]

Ähnlich wie bei der Weltstaudamm-Kommission lehnte die Weltbank wesentliche Punkte des Berichts ab, wie etwa den Verzicht auf die Förderung fossiler Rohstoffe (siehe oben, Kapitel 2.1). Viele Reformvorschläge seien zudem längst verwirklicht, andere in der Praxis unmöglich umzusetzen, wie eine informierte Zustimmung der betroffenen Bevölkerung (*Free Prior Informed Consent*, FPIC) oder eine Offenlegung finanzieller Abmachungen zwischen privaten Unternehmen und Regierungen. Für Entwicklungsorganisationen war der Umgang der Bank mit dem Bericht ein »Lackmus-Test, ob sie das *Stakeholder*-Engagement wirklich ernst nimmt«, so Steve Kretzmann von SEEN.[11]

In fünf Länderstrategien und sechs Projekten, die die Weltbankgruppe nach der Vorlage des Berichts verabschiedet hat, werden die Ergebnisse des Berichts weitgehend ignoriert – übrigens ebenso wie Empfehlungen der eigenen Evaluierungsabteilung.[12] Zwar gibt es Verbesserungen bei der Offenlegung von Einnahmen und beim Management, aber Konfliktrisiken, der Schutz von Menschenrechten oder der Aufbau von Kapazitäten, um die negativen Auswirkungen von Projekten zu verringern, werden kaum berücksichtigt.

2. PRSP: Alter Wein in neuen Schläuchen

Als Antwort auf die wachsende Kritik an den Strukturanpassungsprogrammen[13] – und ohne das Ergebnis von SAPRI abzuwarten (siehe oben) – stellten Weltbank und IWF 1999 einen neuen Ansatz vor, der

---

[10] Zitiert bei Uwe Hoering, März 2004, 1
[11] Zitiert bei Uwe Hoering, März 2004
[12] Shannon Lawrence, Nikki Reisch, The World Bank Group, the Extractive Industries Review (EIR) and Governance: Evaluating the Bank Group's implementation of its commitments. January 2006 (Environmental Defense; Bank Information Center), www.bicusa.org
[13] Bankintern wurde den Bretton Woods-Geschwistern in einer Reihe von Studien attestiert, beim Abbau der internationalen Verschuldung und der Armutsbekämpfung die selbst gesteckten Ziele nicht zu erreichen. Zugleich gerieten beide durch die Kritik der Zivilgesellschaft in Nord und Süd, aber auch seitens des ökonomischen Mainstreams unter

dem Anspruch nach einen fundamentalen Perspektiv- und Strategie-
wechsel darstellte – und von vielen zivilgesellschaftlichen Gruppen und
Entwicklungsorganisationen begrüßt wurde: War die Kreditvergabe an
hochverschuldete arme Länder (HIPCs) bis dahin an enge wirtschaftspolitische Auflagen zur Strukturanpassung geknüpft, berechtigt seitdem die Vorlage einer Armutsbekämpfungsstrategie (*Poverty Reduction Strategy Paper*, PRSP) zu Schuldenerlass, Entwicklungshilfe und
konzessionären Krediten seitens der bi- und multilateralen Gläubiger.
Diese mittelfristig angelegten Entwicklungsstrategien sollen in nationaler Eigenverantwortung und unter Beteiligung der Zivilgesellschaft
und dem Privatsektor entstehen und dadurch nach den Worten der
Weltbank dem Land »gehören« – also nicht mehr fremdbestimmt sein
wie die früheren Programme. Strukturanpassungskredite der Weltbank
wurden umbenannt in *Development Policy Lending* oder in *Poverty
Reduction Support Credits.*[14]

Doch in der Praxis war es für die ärmsten Länder extrem schwierig,
wenn nicht gar unmöglich, wirklich ihre Entwicklungsstrategie eigen-
ständig zu bestimmen. Die Entwicklungsorganisation WDM nennt dafür drei Ursachen:[15]

Erstens wurden die Inhalte der PRSPs stark durch bestehende Bedingungen früherer Programme von Weltbank und IWF geprägt. Anstelle eines Neuanfangs wurden diese vielfach nach der Methode »Cut-
and-paste« unbesehen und unreflektiert in die PRSPs übernommen.
So bestand in vielen Ländern bereits im Rahmen von Weltbank- oder
IWF-Programmen die Forderung, die Wasserversorgung zu privatisieren, die dann in PRSPs aufgenommen wurde. Dadurch stehen in vielen
PRSPs Maßnahmen zur Armutsbekämpfung unverbunden neben den
wirtschaftspolitischen Vorgaben der Strukturanpassung, ohne dass die
Auswirkungen dieser Wirtschaftspolitik auf die Sozialsektoren analysiert, geschweige denn hinterfragt würden.[16]

Druck. Siehe Jörg Seifert-Granzin, in: PRSP – Chancen und Grenzen zivilgesellschaftlicher
Beteiligung, Bonn und Berlin, Februar 2003, 4

[14] Angela Woods, The World Bank's Poverty Reduction Support Credit: Continuity or
Change? Debt and Development Coalition, Ireland, August 2005

[15] One size for all. A study of IMF and World Bank Poverty Reduction Strategies, September 2005, WDM

[16] PRSP – Chancen und Grenzen zivilgesellschaftlicher Beteiligung, 2003, 5; siehe auch
Miriam Walther, Armutsstrategiepapiere (PRSP). Neuanfang der Strukturanpassungspolitik von IWF und Weltbank? Bonn 2002 (Weed Arbeitspapier)

Zweitens hatten Vertreter der Weltbank und des IWF oft einen großen Einfluss auf den Inhalt von PRSPs. Eingeflogene Experten und Weltbank-Mitarbeiter sagten den einheimischen Staatsangestellten, welche Maßnahmen aufgenommen werden sollten, oder schrieben die PRSPs gleich selbst.[17] Dagegen blieben die Einflussmöglichkeiten der Zivilgesellschaft oder der Parlamente, von wenigen Ausnahmen wie etwa Uganda oder Bolivien abgesehen, meist gering.[18]

Drittens müssen die PRSPs von den Spitzen von IWF und Weltbank abgesegnet werden. Wenn den mächtigen und einflussreichen Länderdirektoren der Bank der Inhalt einer Länderstrategie missfällt, können sie das Papier zurückweisen. Damit bleiben Schuldenerlass, Entwicklungshilfe und neue Kredite blockiert, bis das Papier umgeschrieben ist.

»Konditionalität bei einer PRSP-Initiative verhindert Ownership und resultiert in der Konzentration darauf, Dokumente fertigzustellen, um an Gelder zu kommen, anstatt Prozesse zu verbessern.«
(OED, Annual Review of Development Effectiveness 2004, 8)

Bei den meisten PRSPs kann daher von »Partizipation« und *Ownership* kaum die Rede sein. Aber auch ihr Wert für die Armutsminderung ist oft gering: So spielt ländliche Entwicklung meistens kaum eine Rolle. Vielfach findet auch keine wirkliche Umsetzung des Gender-Ansatzes statt (siehe oben, Kapitel 3), obwohl die Mehrheit der ca 1,3 Milliarden Menschen, die in extremer Armut leben, Frauen sind.[19] Bis auf wenige Ausnahmen – zum Beispiel Ruanda und Tansania – weisen PRSPs kaum über eine Ansammlung stereotyper Maßnahmen der Frauenförderung in der Armutsbekämpfung hinaus. Doch ohne geschlechtsspezifische Wirkungsanalysen von Stabilisierungs- und Privatisierungspolitik und entsprechende Korrekturen reichen solche Maßnahmen nicht aus, um Armut wirksam zu verringern. Außerdem weisen viele PRSPs die selben makroökonomischen Orientierungen und nahezu identischen politischen Maßnahmen wie die diskreditierten Strukturanpassungspro-

---

[17] Bretton Woods Project, Mainstreaming statt Kohärenz. Harmonisierung von IFIs, WTO und UNO, in: Informationsbrief W & E 11-12/2003, 8

[18] Siehe z.b. Gertrud Falk/Walter Eberlei, Beteiligung der Zivilgesellschaft an PRS-Prozessen: Anspruch und Wirklichkeit klaffen auseinander, in: PRSP – Chancen und Grenzen zivilgesellschaftlicher Beteiligung, Bonn und Berlin, Februar 2003 (VENRO)

[19] Siehe Birte Rodenberg, PRSP als Chance zur Durchsetzung von Gender-Interessen? In: PRSP – Chancen und Grenzen zivilgesellschaftlicher Beteiligung, 10-14

gramme auf.[20] Auch hier stehen Elemente wie Privatisierung und die Zurückdrängung des Staates im Vordergrund, die Armutsminderungsstrategien wurden zu einem Vehikel, um weitere Handelsliberalisierung zu legitimieren.

> *»(PRSPs) sind eher importiert als im Land selbst entstanden und werden unter Druck akzeptiert als ein Mittel, um Schuldenerlass zu erhalten – als Folge davon sind sie vielfach nicht erfolgreich.« (G-24 [Gruppierung von Entwicklungsländern])*[21]

3. Entkonditionalisierung – oder doch nicht?

Die Verknüpfung der Kreditvergabe mit der Einlösung wirtschaftspolitischer Forderungen und Rezepte des »Washington Consensus« (»Konditionalisierung«) ist ein andauernder, zentraler Kritikpunkt an der Politik von Weltbank und IWF. Geber wie die Weltbank – aber auch Regierungen – haben wirtschaftliche Konditionalisierung vielfach benutzt, um ihre Vorstellungen von Handelsliberalisierung und Privatisierung durchzusetzen – obwohl sich seit längerem abzeichnet, dass diese Politik wenig Wachstum bringt und oft dazu beiträgt, arme Bevölkerungsgruppen weiter zu marginalisieren. Konditionen durch Geber höhlen zudem demokratische Entscheidungsprozesse in armen Ländern aus und sind damit das Gegenteil von *Good Governance:*[22]

- Wichtige wirtschaftspolitische Weichenstellungen werden außerhalb demokratischer Strukturen und ohne öffentliche Meinungsbildung vorgenommen und beeinträchtigen die Entstehung eines starken, rechenschaftspflichtigen politischen Systems;
- Regierungen werden die finanziellen Mittel und Instrumente aus der Hand genommen, die für eine selbstbestimmte Politik notwendig wären;

---

[20] Vgl. Christian Aid, Business as usual, September 2005; WDM, Out of time, The case for replacing the World Bank and IMF, Miriam Walther, Armutstrategiepapiere (PRSP). Neuanfang der Strukturanpassungspolitik von IWF und Weltbank? Bonn 2002 (Weed Arbeitspapier)

[21] G-24 Secretariat, Briefing Paper on the Poverty Reduction Strategy Paper Approach, March 2003, 7

[22] Christian Aid, Kept in the Dark: Parliamentary Scrutiny at the World Bank and IMF, April 2005

- Delegitimierung, Entdemokratisierung und soziale und politische Instabilität werden gefördert, da Regierungen gezwungen werden, bestimmte Maßnahmen durchzuführen, um Entwicklungsgelder zu erhalten, selbst wenn sie bei den Bürgern unpopulär sind. Wirtschaftspolitische Konditionalisierung ist daher ungeeignet, undemokratisch und ineffektiv. Deshalb haben inzwischen einige Geber begonnen, davon Abstand zu nehmen, zum Beispiel die Regierungen von Großbritannien und Norwegen. Zunehmend setzt sich in Entwicklungskreisen die Auffassung durch, dass sich die Aussichten für eine erfolgreiche, wirksame Politik verbessern, wenn sie von den Ländern selbst bestimmt ist.

>*»Die Entwicklungsländer selbst und ihre Regierungen müssen die Führung bei der Entwicklung übernehmen. Sie müssen ihre Wirtschaftspolitik so entscheiden, planen und abstimmen können, dass sie mit ihrer eigenen Wirtschaftsstrategie übereinstimmen, für die sie all ihren Bürgern gegenüber verantwortlich sein sollten.« (Gleneagles, G8 communiqué on Africa, Paragraph 31, July 2005)*

Verbal hat die Weltbank dieser Kritik inzwischen Rechnung getragen und – nach eigenen Angaben – die Anzahl wirtschaftspolitischer Konditionen seit fünf, sechs Jahren reduziert.[23] In einem *Conditionality Review* verpflichtet sich die Bank zudem zu fünf »Prinzipien guter Konditionalisierungs-Praxis«, darunter *Ownership* und Transparenz.[24] Eine naheliegende Erklärung für diese Entwicklung ist, dass die internationalen Finanzinstitutionen in den vorangegangenen zwei Jahrzehnten in vielen Ländern bereits eine sehr weitreichende Liberalisierung wie den Abbau von Zöllen oder die Privatisierung in wichtigen Wirtschaftsbereichen haben durchsetzen können. Zudem räumt die weltbankinterne Evaluierungsabteilung IEG ein, dass der Rückgang auch »einen gleichzeitigen Anstieg in der Handels-Konditionalisierung durch den

---

[23] Siehe IEG, Assessing World Bank Support for Trade, 1987-2004, An IEG Evaluation, Washington D.C. 2006; World Bank, Policy Conditions in World Bank Investment Lending: A Stocktaking, Washington D.C. July 28, 2006 (Operations Policy and Country Services) Das Thema Konditionalisierung ist inzwischen zu einem heftig umstrittenen Gegenstand geworden und trifft offensichtlich einen empfindlichen Punkt bei der Weltbank. So erkennen NGOs wie Eurodad »kleine Fortschritte« an, die aber bei weitem nicht ausreichen. Siehe zum Beispiel: World Bank conditionality update, 20.11.2006, www.eurodad.org/articles/default.aspx?id=743

[24] World Bank, Review of World Bank conditionality, Washington D.C. 2005

IWF reflektiert sowie einen Anstieg in der Handelsliberalisierung durch regionale Handelsabkommen«.[25]

Dennoch setzt die Bank auch weiterhin auf Konditionalität, um ihre wirtschaftspolitischen Reformvorstellungen durchzusetzen. Eine Studie des *European Network on Debt and Development* (Eurodad) von Programmen in 20 Ländern kommt sogar zu dem Ergebnis, dass Privatisierungs-Konditionen häufiger, nicht weniger werden.[26] Demnach stieg ihre Zahl zwischen 2002 und 2005 von durchschnittlich vier auf fünf je Kredit. In Bangladesh hatte knapp ein Drittel aller Konditionen einen Privatisierungsbezug. Bei 14 der untersuchten Länder waren die Weltbankzuschüsse jeweils mit mehr als 50 teils bindenden, teils nicht-bindenden Bedingungen versehen, 20% davon bezogen sich auf die Wirtschaftspolitik. Zudem ergänzen oder verstärken sich die Bedingungen der beiden Bretton-Woods-Schwestern oft gegenseitig (*Cross Conditionality*). Und eine quantitative Analyse allein sagt wenig über die Reichweite und die Auswirkungen von Konditionen aus.

Darüber hinaus kann man das, was die Bank eine »Generalüberholung« ihrer Konditionalisierungs-Politik nennt, auch als schlichte Umbenennung bezeichnen.[27] Die Methoden, um Liberalisierung und bestimmte Politikforderungen durchzusetzen, wurden verfeinert, doch die Grundsätze sind die gleichen geblieben. Neue Formen wie *Benchmarking*, einseitige Beratung, kaschiert im Mantel der scheinbar objektiven »Wissensbank«,[28] oder die Programme »Hilfe-für-Handel«, die Unterstützung bei einer stärkeren Liberalisierung anbieten, machen aus dem Anspruch auf *Ownership* eine Farce und sind oftmals noch intransparenter und weniger nachprüfbar als die einstigen offenen Bedingungen. Zum Beispiel das *Benchmarking*, das in vielen Fällen genauso wirksam

---

[25] IEG, Assessing World Bank Support for Trade, 1987-2004. An IEG Evaluation. 2006, xv

[26] Eurodad, World Bank and IMF conditionality: a development injustice, June 2006

[27] Christian Aid, Business as usual. The World Bank, the IMF and the liberalisation agenda. September 2005

[28] Im letzten Jahrzehnt hat die Weltbank ihre Forschungsaktivitäten, unter anderem über so genannte Best practices, erheblich ausgeweitet und bietet sich als quasi objektive Beratungsinstanz an, bringt die Ergebnisse aber auch in zahllosen Konferenzen, Publikationen und Diskussionszusammenhängen ein. Doch oft hält sich diese Auftragsforschung an die Eckpunkte ihrer eigenen Entwicklungskonzeption, die Beratung wird zum Mittel, um ihr Standardrepertoire von Reformen, verpackt als unabhängige Wissenschaft, durchzusetzen, vgl. Abhijit Banerjee u.a., The Evaluation of World Bank Research, 1998-2005, Washington DC, 2006

Aktuelle Beispiele für wirtschaftliche Konditionalisierung von Weltbankkrediten[1]

April 2005: Burkina Faso wird verpflichtet, die Beteiligung privater Unternehmen im Energiebereich voranzutreiben, um eine als Kredit zur Armutsminderung deklarierte Budgetunterstützung zu bekommen, um damit Politikreformen zu unterstützen.

Mai 2005: Vietnam muss für einen Kredit zur Armutsminderung (World Bank Poverty Reduction Support Credit) die Privatisierung im Stromsektor und bei den Staatsbetrieben beschleunigen.

August 2005: Als Bestandteil eines Kredit zur Armutsminderung wird Mozambique aufgefordert, eine Strategie zur Privatisierung der Nationalbank umzusetzen – trotz negativer Erfahrungen mit früheren Banken-Privatisierungen (siehe oben).

Oktober 2005: Für einen Kredit zur Armutsminderung muss Ruanda Verhandlungen über eine Privatisierung des Telefonsektors und der Teefabriken einleiten.

November 2005: Bangladesh muss als Bedingung für einen Entwicklungskredit (3rd World Bank Development Support Credit) die meisten Beschränkungen für Zuckerimporte aufheben.

Dezember 2005: Als Teil eines Kredits für das öffentliche Finanzmangement muß Mali Maßnahmen zur Privatisierung des Staatsunternehmens zur Entwicklung der Textilindustrie einleiten und zustimmen, die Nationalbank zu privatisieren.

Dezember 2005: Im Rahmen eines Armutsminderungs-Kredits wird Uganda dazu verpflichtet, ein landesweites privates Wasserversorgungs-Netz aufzubauen.

[1] Background data for Eurodad, World Bank and IMF Conditionality: A Development Injustice, June 2006. Siehe auch Christian Aid, Business as usual. The World Bank, the IMF and the liberalisation agenda. September 2005, wo zahlreiche Beispiele für Liberalisierungs- und Handels-Konditionalisierung in Poverty Reduction Support Credits, PRSPs, und Länderstrategien der Bank (Country Assistance Strategies) in acht afrikanischen Ländern (Mosambik, Mali, Malawi, Kenia, Tansania, Senegal, Äthiopien und Ghana) aufgelistet werden; siehe auch Éric Toussaint, Structural adjustment and the Washington Consensus: are they things of the past? 22 November 2006, www.cadtm.org/article.php3?id_article=2265

ist wie bindende Konditionen. Dabei wird die *Programme Performance* eines Landes gemessen. Verfehlt es bestimmte Vorgaben, riskiert es Strafaktionen wie die Kürzung von Entwicklungshilfe oder von Krediten und Zuschüssen.[29] So vergibt die IDA Gelder auf der Basis von *Country Policy and Institutional Assessments* (CPIAs), einer Prüfliste

[29] Angela Woods, The World Bank's Poverty Reduction Support Credit: Continuity or Change? Debt and Development Coalition, Ireland, August 2005

von Indikatoren, mit denen die Mitarbeiter der Bank das Abschneiden eines Landes bewerten.[30] 20% der Indikatoren hängen vom jeweiligen Handelsregime ab, wobei es eine hohe Einstufung für »gute« Politik wie einen freizügigen Devisenverkehr oder die Gleichbehandlung von einheimischen und ausländischen Investoren gibt. Indem Gelder auf der Grundlage von durchgeführten wirtschaftspolitischen Reformen, die den Vorstellungen der Weltbank entsprechen, vergeben werden, sind solche *Policy scorecards* eine Form der versteckten Konditionalität. So erhielt Mosambik 2002 lediglich eine mittelmäßige CPIA-Bewertung und infolgedessen weniger Weltbankkredite und -zuschüsse, weil das Land versuchte, mit Zöllen einheimische Zucker- und Cashew-Produzenten zu schützen.[31]

4. Reformen ohne Veränderungen

Viele zivilgesellschaftliche Gruppen und Entwicklungsorganisationen haben die Ankündigungen der Weltbank zu Reformen, mehr Transparenz und Beteiligung und stärkerer Berücksichtigung sozialer und ökologischer Anforderungen ernst genommen. Das gilt für internationale Organisationen ebenso wie für nationale Akteure und Gruppen auf regionaler oder lokaler Ebene. Doch ihre Bilanz ist vielfach negativ. »Alles was wir von Seiten der Bank und des Fonds gesehen haben, ist eine Serie verdienstvoller Erklärungen und Etikettenänderungen, die darauf abzielten, den Eindruck zu erwecken, dass diese Institutionen zuhören und lernen. Die Lehren sind eindeutig: Die Weltbank und der IWF sind Meister darin, alten Wein in neuen Schläuchen zu präsentieren; dagegen gibt es kaum dauerhafte und sinnvolle Veränderungen«, erklärt zum Beispiel die britische Entwicklungsorganisation *World Development Movement*.[32]

---

[30] Nancy Alexander, Das Punktesystem der Weltbank für die Schuldnerländer, Informationsbrief Weltwirtschaft & Entwicklung, Sonderdienst Nr.2/Juni 2004

[31] Christian Aid, Challenging Conditions, A new strategy for reform at the World Bank and IMF, July 2006, 10

[32] Out of time. The case for replacing the World Bank and IMF, September 2006, 44 (World Development Movement)

»Die Einflussnahme durch PR-Mitarbeiter war enorm, besonders, nachdem Wolfensohn Präsident wurde; Forschung sollte weder die NGOs angreifen, noch sie mit Material versorgen, das sie gegen die Weltbank hätten benutzen können.« (Ein ehemaliger Leiter der Weltbank-Forschungsabteilung)[33]

So blieben die zahlreichen, unter großem Einsatz vieler Beteiligter erarbeiteten Vorschläge für Reformen der Weltbankpolitik in Schlüsselbereichen wie dem Energie- und Rohstoffsektor, dem Infrastruktursektor oder der Wirtschaftspolitik in wesentlichen Teilen folgenlos. Damit blieben auch die intendierten Verbesserungen bei der Armutsverringerung, dem Umwelt- und Ressourcenschutz, der Einbeziehung breiterer, vor allem ärmerer Bevölkerungsgruppen in die Gestaltung und Entwicklung einer besseren, zielgerichteten und wirksameren – weil selbstbestimmten – Politik aus.

Indirekt bestätigt auch die Evaluierungsabteilung der Weltbank, dass die Reformversuche des vergangenen Jahrzehnts die »Entwicklungswirksamkeit« nicht durchschlagend verbessert haben. Im Oktober 2005 veröffentlichte sie einen Bericht, der die Lehren aus ihren jüngsten Evaluierungen zusammenfasst und von manchen Beobachtern als die abschließende Bewertung der Wolfensohn-Ära betrachtet wird.[34]

Darin stuft die OED ein Drittel aller Länderprogramme als »unbefriedigend« ein und sieht »erhebliche Spielräume für eine Verbesserung der Entwicklungswirksamkeit der Bank«. Oftmals seien die Versprechungen der Weltbank, mit denen sie ihre Politik begründete und rechtfertigte, voreilig gewesen. So habe es ständig einen »übertriebenen Optimismus« bei den Wachstumsprognosen, bei der Schuldentragfähigkeit armer Länder und beim Beitrag der Privatisierung zu Investitionen, Effizienz und Wachstum gegeben. Da sich die Mängel offensichtlich nicht auf Einzelprojekte und -aspekte beschränken, schlugen Mitglieder des *Committee on Development Effectiveness* (CODE), das dem Aufsichtsrat der Bank zugeordnet ist, vor, die Wirksamkeit des gesamten Entwicklungsmodells der Weltbank gründlich zu überprüfen.[35]

---

[33] Zitiert in Abhijit Banerjee; u.a., The Evaluation of World Bank Research, 1998-2005, Washington DC, 127

[34] OED, Improving World Bank's development effectiveness: What does evaluation show? 2005, Washington DC

[35] Quelle: News/Bretton Woods Project, 21st November 2005

Trotz zahlreicher Reformen, Veränderungen und auch Zugeständnissen an die Kritik, etwa bei der Verbesserung ihrer Informationspolitik und der Offenlegung von Projektdaten, ist die Weltbank sich selbst und ihren Grundprinzipien treu geblieben. Der langjährige einflussreiche Wasserexperte John Briscoe bezeichnet das als »pragmatic, but principled approach«, soll heißen, die Bank ist pragmatischer geworden und geht stärker auf Kritik und Forderungen ein, ohne ihre Prinzipien und Zielsetzungen aufzugeben.

Seit die Weltbank Anfang der 1980er Jahre Liberalisierung, Privatisierung und Exportorientierung zu ihrem grundlegenden Wirtschaftswachstums-Konzept erkoren hat, hat sie an diesem Entwicklungs-Credo immer festgehalten. Um dieses zentrale Standbein herum hat sie zahlreiche neue Ansätze und Tätigkeitsfelder entwickelt. Teilweise sollen sie die Umsetzung der Strategie verbessern und effektiver machen, teilweise sollen sie negative soziale, ökologische oder politische Auswirkungen abfedern. Damit versucht die Bank, ihre Legitimation als Institution, die eine nachhaltige, gerechte und umweltverträgliche Entwicklung vorantreibt, gegen wachsende Kritik aufrecht zu erhalten.

Darin besteht ein grundlegendes Dilemma der Weltbank-Politik: Ihr spezifischer Entwicklungsansatz, nämlich eine markt- und profitorientierte Wachstumsstrategie, konterkariert immer wieder andere Ziele und Ansprüche wie die Verringerung der Armut, größere Gerechtigkeit oder Umweltschutz. Die Bank »hat sich zu eng auf Wirtschaftswachstum konzentriert und damit zugelassen, dass Arbeitslosigkeit und Armut stagnierten oder sogar schlimmer wurden«, schreibt selbst die Evaluierungsabteilung IEG in ihrem jüngsten Jahresbericht.[36] Gleichzeitig werden Alternativen wie eine bäuerliche Landwirtschaft oder die Förderung erneuerbarer Energie in den Hintergrund gedrängt.

Zwar gehören die alten Strukturanpassungsprogramme und der »Washington-Konsens« offiziell der Vergangenheit an. Doch ihre Ziele, die Durchsetzung von Marktwirtschaft, einer möglichst umfassenden Deregulierung und Privatisierung bestehen weiter. Im Namen der »Verbesserung des Investitionsklimas« greifen Bank und Fonds weiterhin in die Politik der Empfängerländer ein. Als neue »one size fits all«-Lösung gilt die Marktwirtschaft nach wie vor als die Voraussetzung, um alle Probleme zu bewältigen – von Armut bis Umweltschäden, von leeren

---

[36] IEG, Annual Review of Development Effectiveness 2006: Getting Results

»Wissensbank«

Die Weltbank-Abteilung Entwicklungsökonomie[1] ist der weltweit größte Forschungskomplex zu Fragen der Entwicklung. Mit weit über 4.000 Studien, Büchern und Forschungspapieren seit 1998 untermauert sie den Anspruch als »Wissensbank«. Diese Arbeiten dienen nicht nur dazu, die Bank selbst und ihre Politik zu legitimieren, sie bestimmen auch die politischen Auflagen, die den Empfängerländern gemacht werden. Eine Gruppe von Wissenschaftlern, darunter der ehemalige Chefökonom des IWF, Ken Rogoff, hat die Forschungsarbeiten der Bank untersucht.[2] Ihr vernichtendes Urteil: Empirische Fakten werden einseitig gewertet, politische Schlussfolgerungen, etwa dass Globalisierung die Armut verringert, voreilig gezogen, Ergebnisse, die nicht in die eigenen Vorstellungen passen, ignoriert, wie die Studie eines Mitarbeiters, der wachsende Einkommensunterschiede durch Handelsliberalisierung feststellte.[3]

[1] Vice Presidency Development Economics, DEC
[2] Abhijit Banerjee; u.a., The Evaluation of World Bank Research, 1998-2005, Washington DC 2006: http://siteresources.worldbank.org/DEC/Resources/84797-1109362238001/726454-1164121166494/RE-SEARCH-EVALUATION-2006-Main-Report.pdf ; siehe auch: Robin Broad, Research, Knowledge, and ‚Paradigm-Maintenance‘: the World Bank's Development Economics Vice-Presidency: www.globalpolicy.org/socecon/bwi-wto/wbank/2006/1120wbdec.htm
[3] Siehe zum Beispiel: Branko Milanovic, Does tariff liberalization increase wage inequality? Some empirical evidence. Washington DC, 2005 (WPS3571)

öffentlichen Kassen bis zu mangelnder Effizienz: »Es ist nicht mehr die Frage, ob Marktkräfte die zentrale Bedeutung für Entwicklung und Armutsminderung haben, sondern nur noch, wie sie für einen möglichst breiten Nutzen am besten eingesetzt werden können«, verkündet Lars Thunell, Vizepräsident des IFC,[37] als ob es nicht die jahrzehntelangen Erfahrungen gibt, dass die »Marktkräfte« immer wieder gegen die Ärmsten ausschlagen und alle Versuche der Weltbank, sie zum »breiten Nutzen« zu bändigen oder zu lenken, gescheitert sind.

> *»Die vorherrschende Stellung der Bank in der Entwicklungsforschung ist so stark, dass sie, wäre sie mit der Produktion einer normalen Ware beschäftigt, wegen einer Monopolposition angeklagt werden könnte.« (Josef Stiglitz, früherer Chefvolkswirt der Weltbank)[38]*

[37] Financial Times, zitiert in: World Bank Press Review, 17. November 2006
[38] Josef Stiglitz, An evaluation of World Bank Research 1998-2005: http://econ.worldbank.org/

Kapitel 5:
Systemfehler der Weltbank-Politik

*»Große Teile der Öffentlichkeit glauben nicht mehr daran, dass in
Institutionen wie dem IWF, der Weltbank, dem UN-Sicherheitsrat
und der WTO ihre Interessen vertreten werden – oder dass diese
Institutionen in angemessener Weise für das rechenschaftspflichtig
sind, was sie tun.«*
UNDP, Bericht über die menschliche Entwicklung 2002, 134

Immer wieder räumt die Bank Fehler ein, wenn auch erst, nachdem das
Kind in den Brunnen gefallen ist. »Wir waren zu optimistisch«, gesteht
die Chefin der Infrastrukturabteilung, Nemat Safik, nachdem die Bank
jahrelang mit Konditionalisierung, Krediten und anderen Stützungs-
maßnahmen versucht hat, den globalen Wasserkonzernen den Zugang
zu den vermeintlich profitablen städtischen Versorgungssystemen in
den Ländern des Südens zu ebnen. Ebenso seien die Erwartungen an
die Handelsliberalisierung »zu optimistisch« gewesen, stellt die Evaluierungsabteilung der Weltbank fest, nachdem Millionen kleinbäuerlicher und industrieller Betriebe dadurch zur Aufgabe gezwungen
wurden. »Es wird innerhalb der Weltbank vielfach anerkannt, dass sie
dabei versagt hat, die Umwelt stärker zu einer Priorität bei Infrastrukturprojekten zu machen«, erklärt Kathy Sierra, Vizepräsidentin der
neuen Weltbank-Abteilung »Nachhaltige Entwicklung«, nachdem Millionen Hektar Agrarland und Wälder in Stauseen, die mit Weltbankun-
terstützung aufgestaut wurden, versunken sind. Zahlreiche interne Eva-
luierungsberichte räumen Fehlschläge, Verstöße gegen Richtlinien und
Verfahrensvorschriften ein. Immer wieder schlägt die Bank rechtzeitige
Warnungen in den Wind. Immer wieder warnt sie mit überzogenen In-
vestitionsbedarfsprognosen vor »Finanzierungslücken«, um ihre Rezepte zu verkaufen. Und immer wieder versprechen führende Vertreter,
aus den Erfahrungen und Fehlschlägen zu lernen – »lessons learned«
– und »best practices« zur Leitschnur des Handelns zu machen.

Und doch macht die Bank immer wieder dieselben Fehler. Wesentliche Ursachen dafür sind zum einen die ökonomischen und politischen

Interessen, die die Weltbank selbst und ihre *Shareholder* verfolgen, zum anderen die Entscheidungsstrukturen.

1. Eine Bank ist eine Bank ist eine Bank...

Formell ist die Bank zwar, ebenso wie der Fonds, eine Sonderorganisation der Vereinten Nationen. Doch in ihrem Grundlagenvertrag heißt es, dass sie eine selbständige, unabhängige, ausschließlich wirtschaftlich orientierte Institution ist. Trotz sozialer und ökologischer Zielsetzungen bleibt sie im Wesentlichen eine Bank. Ihre »Kernaufgabe« ist die Kreditvergabe an ihre Kunden, die Regierungen der Mitgliedsländer. Dafür nimmt sie Geld an den internationalen Finanzmärkten auf, die sie für Projekte, Programme und als Budgethilfe weiter reicht, mit einer Gewinnmarge für sich. So präsentiert sich die IBRD stolz mit 222 Milliarden US-Dollar Einlagen als »einer der größten Aussteller von Anleihen in der Welt«.[1]

Um die Geschäfte aufrecht zu erhalten, ist die Weltbank selbst auf kontinuierliche Kreditvergabe, auf Schuldentilgung und Einnahmen angewiesen. Damit sind ihre eigene Kreditwürdigkeit für die Aufnahme von Krediten auf dem Finanzmarkt (*Rating*), ökonomische Kosten-Nutzen-Kalkulationen, makroökonomisches Wirtschaftswachstum und Schuldendienstfähigkeit ihrer »Kunden«, der Regierungen der Empfängerländer, Kernkriterien ihrer Entscheidungen.

In Madagaskar zum Beispiel, einem der ärmsten Länder der Welt, vergab die Bank Gelder für Sektoren mit einem hohen Wachstumspotenzial wie einen ICT *Business Park*, Agrobusiness und Bergbau, die eine schnelle Rückzahlung der Kredite versprachen, während ihr Beitrag zur Armutsminderung gering war. In Georgien stellt der Erdölsektor, in den die Bank investiert, zwar eine bedeutende Wachstumstriebkraft dar, schafft aber nur wenig Arbeitsplätze. Wie bei diesen Beispielen konzentriert sich die Weltbank häufig auf Bereiche mit einer geringen Beschäftigungsintensität und damit wenig Chancen für die Armen, Arbeit zu finden, stellt die Evaluierungsabteilung fest.[2]

---

[1] The World Bank Disinvestment campaign toolkit, Amsterdam (ASEED), o.J. (2003), 38

[2] IEG, Annual Review of Development Effectiveness, 2006. Getting Results, October 2, 2006, Report No. 37161, www.worldbank.org/ieg

Strukturell ist die Weltbank daher auch auf kapitalintensive Großprojekte fixiert: Da privaten Banken die Risiken dafür, insbesondere in
Entwicklungsländern, im Alleingang oft zu hoch sind, wendeten sich
Regierungen jahrzehntelang an die Weltbank und andere Regionale
Entwicklungsbanken, um die Gelder bereitzustellen oder zumindest
die Beteiligung privater Unternehmen und Banken abzusichern. Oft
sind solche Großprojekte aber die schlechtere Option: Sie sind teurer
und weniger effektiv und meist auch ökologisch mit erheblich größeren
Nachteilen verbunden.

Für das Prestigebedürfnis, für die Interessen der Anteilseigner der
Weltbank und Unternehmen aus deren Ländern, für Gewinninteres-
sen multinationaler Konzerne und oft auch für die Möglichkeiten von
Entscheidungsträgern, nebenbei das eigene Konto aufzufüllen, sind sie
dagegen äußerst geeignet. Wer Entwicklungshilfemittel in eine Struktur
wie die Weltbank steckt, hat damit bereits eine Vorentscheidung für solche Großprojekte getroffen.

>*Regierungen aus dem Norden bevorzugen Kredite, die Verträge
für internationale Berater und Baufirmen bringen. Empfängerregierungen bevorzugen Großprojekte, die Gelegenheiten zu Einwei-
hungszeremonien geben, politisches Prestige fördern, zentralisierte
Bürokratien unterstützen und Mittel für Vetternwirtschaft bieten.«*
(Peter Bosshard/Shannon Lawrence, zit. in BWP issue June 2006)

Doch diese lukrative Säule des Weltbankgeschäfts geriet in den 1990er
Jahren ins Wanken, nicht zuletzt durch die wirkungsvolle Kritik an Investitionen in Großstaudämme, Bergbau und Ölindustrie oder Fern-
straßenbau und Holzeinschlag in Regenwäldern. Die Weltbank selbst
hatte Anfang der 1990er Jahre mit ihrer durch die wachsenden Proteste
erzwungenen Entscheidung, sich aus der Finanzierung großer Infra-
strukturprojekte zurückzuziehen und die Finanzierung von »Ziegel und
Zement« zugunsten von Projekt- und Politikberatung (Sektorreformen)
nahezu einzustellen, den Rückgang mit eingeleitet.

Gleichzeitig hatten die lukrativen Kunden, die wirtschaftlich stärkeren Schwellenländer (*Middle Income Countries*, MIC), aufgrund der
hohen Liquidität auf den internationalen Kapitalmärkten andere Möglichkeiten, an zinsgünstige Gelder zu kommen, als eine Anfrage an die
IBRD zu richten, – ohne die Konditionalisierung, die Bürokratie und
die *Safeguards* der Entwicklungsbanken. Schuldner zahlen vorzeitig

Abbildung 5: IBRD/IDA – Zusagen 1990-2006

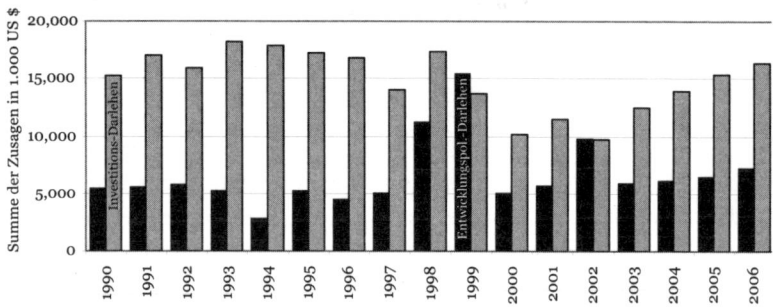

aus: Policy Conditions in World Bank Investment Lending: A Stocktaking. Operations Policy and Country Services, July 28, 2006, 4

ihre Kredite zurück,[3] private Banken, kommerzielle Investoren, aber auch andere multilaterale Entwicklungsbanken machen ihr in ihrem Kerngeschäft, der Kreditvergabe, Konkurrenz. So hatte das Bank-Management Schwierigkeiten, genügend solvente Kunden (insbesondere in Schwellenländern) und private Ko-Investoren (Konzerne) zu finden. Die Bank gilt bei staatlichen Kreditnehmern wie bei privatwirtschaftlichen Kooperationspartnern als »risikoscheu« und »bürokratisch«, klagt zum Beispiel John Briscoe, der wesentlich zur Entscheidung in der Weltbank beigetragen hat, zur Finanzierung von Großprojekten zurückzukehren.

Eine Folge des schrumpfenden Kreditgeschäfts: Im Jahr 2004 halbierten sich die Einnahmen der Weltbank aus Gebühren der Schuldner gegenüber dem Jahr 2001 nahezu auf 4,4 Mrd. US-Dollar, die Erträge aus Investitionen gingen im selben Zeitraum von 1,54 Mrd. auf 304 Mio. US-Dollar zurück.[4] Die IBRD machte im Finanzjahr 2006 nur noch einen Nettogewinn von rund 1,5 Mrd. US-Dollar, und auch bei der IFC fiel er geringer aus als im Vorjahr. Durch das rückläufige Ausleihvolumen übersteigen zudem bei der IBRD seit fünf Jahren die Rückzahlungen die Neuauszahlungen, es findet also ein »negativer Nettotransfer« oder ein

---

[3] So kündigte Mexiko im September 2006 an, seine Außenstände bei der IBRD vorzeitig tilgen zu wollen, und folgt damit dem Vorbild Brasiliens, Argentiniens und anderer Länder, die ihre Schulden bei IWF und Weltbank durch Sondertilgungen abgebaut haben.

[4] Ngaire Woods, The Globalizers in Search of a Future: Four reasons why the IMF and World Bank must change, and four ways they can, April 2006 (CGD Brief), www.cgdev. org

Kein Geld für Entwicklung

Seit 1991 sind die Netto-Transfers (also die aktuellen Zahlungen minus Rück- und Zinszahlungen) der IBRD an die Entwicklungsländer negativ. Auch ihre Nettozahlungen an Afrika südlich der Sahara sind negativ. Insgesamt betrachtet leistet sie daher praktisch gar keinen Beitrag zur Entwicklungsfinanzierung, wenn man davon absieht, dass sie Gelder für die Rückzahlung ihrer eigenen ausstehenden Forderungen bereit stellt. Nimmt man IDA und IBRD zusammen, ist der Beitrag der Weltbank zur Außenfinanzierung der Entwicklungsländer mit ungefähr 1,2 Mrd. US-Dollar im Minus. Zwar bleibt unter dem Strich etwas übrig, wenn man die Weltbankgruppe als Ganzes betrachtet, aber es sind weniger als zwei Mrd. US-Dollar.

Quelle: Yilmaz Akyüz, Multilaterale Finanzinstitutionen: Neugestaltung der Entwicklungsfinanzierung, in: Social Watch Report Deutschland 2006, 9

Kapitalabfluss aus den Entwicklungsländern statt. Gleichzeitig litt der Ruf der Weltbank an der Börse. Die Entscheidung der US-Regierung im Frühjahr 1999, ihre Sicherheitseinlage *(Callable capital)* zu verringern, löste an der Wall Street Nervosität und Panikverkäufe durch Inhaber von Weltbank-Obligationen aus. Und 2002 verkaufte der größte private US-Pensionsfonds seine Weltbank-Anleihen, weil sie ihm nicht genug Rendite abwarfen.[5]

Die Bretton-Woods-Institutionen sind daher gegenwärtig – auch auf Druck einiger Anteilseigner, sowohl unter den Industrie- als auch unter den Schwellenländern – auf der Suche nach einer neuen Rolle in der internationalen Finanz- und Entwicklungsarchitektur und nach einem neuen »Geschäftsmodell«, um attraktiver, kostengünstiger und wettbewerbsfähiger zu werden,[6] sowohl als Kreditgeberin als auch als Beraterin. Diese Suche schlägt sich bereits in einer Reihe von Maßnahmen nieder, die darauf abzielen, die Kreditvergabe wieder zu erhöhen:

■ 2002/2003 legte die Weltbank den neuen Infrastruktur-Aktionsplan vor, der eine Rückkehr zu großen Infrastrukturprojekten vorsieht.[7]

---

[5] The World Bank Disinvestment Campaign toolkit, Amsterdam o.J. (2003) 53, (ASEED), www.aseed.net

[6] Bruce Jenkins, Green-light for the Bank's Middle Income Country (MIC) Strategy, www.bicusa.org/en/Article.2942.aspx, Zugriff am 5.1.2007

[7] World Bank, Infrastructure Action Plan, presented at the Informal Board Meeting, July 8, 2003 (Update April 8, 2004)

Angestrebt ist ein Wiederanstieg der Infrastrukturfinanzierungen, deren Anteil am IBRD-Budget auf nur noch 20% gefallen war, bis 2008 auf das frühere Niveau von etwa 40%.

■ 2004 wurde ein Aktionsplan für die Politik in den Schwellenländern verabschiedet, auf der Jahrestagung 2006 in Singapur ein Strategiepapier vorgelegt, wie Bank und Fonds ihr Engagement in den MICs verbessern und den »realen Transfer von Finanzmitteln« voranbringen wollen.[8]

■ Einen hohen Stellenwert nimmt die Diskussion über »Vereinfachungen und Beschleunigungen« bei der Kreditprüfung und -bewilligung ein.[9] Betroffen davon sind unter anderem die *Safeguards*, die angeblich die Kreditvergabe verzögern und verteuern (siehe oben die Umstellung auf »Ländersysteme«).

■ In ihren Bemühungen, mehr öffentliche Gelder für die Finanzierung von Infrastruktur im Verkehrs- und im Energiebereich zu mobilisieren und die angebliche »Finanzierungslücke« im Infrastrukturbereich zu schließen, plädiert die Weltbank inzwischen für eine höhere Staatsverschuldung (»fiscal space for growth«) und legt sich dafür sogar offen mit den Stabilitätshütern von der Schwester IWF an.

■ Eine Auswirkung der Krise bei der Kreditvergabe ist sicher auch, dass die Weltbank bei der Frage der Konditionalisierung eine neue Beweglichkeit zeigt und nach anderen – weniger kontroversen und offenkundigen – Formen der Einflussnahme auf die Wirtschaftspolitik der Empfängerregierungen sucht (siehe Kapitel 4.3).

Als Kreditinstitut zumindest scheint die Weltbank inzwischen wieder auf Erfolgskurs zu sein. Jedenfalls vermeldet sie für das vergangene Finanzjahr, das Ende Juni 2006 abschloss, mit 23,6 Mrd. US-Dollar einen »neuen Rekord« bei den Zusagen von IBRD und IDA. Das ist allerdings immer noch weniger als Mitte der 1990er Jahre und erst recht als bei der Asienkrise (siehe Abbildung 5: IBRD/IDA-Zusagen 1990-2006). Die größten Empfänger waren wichtige Schwellenländer wie Mexiko, Brasilien, die Türkei, Pakistan, China, Indien und Argentinien. Aber

---

[8] Enhancing World Bank Support to Middle Income Countries, 2004; Strengthening the World Bank's Engagement with IBRD Partner Countries, September 7, 2006 (Development Committee, DC 2006-0014)

[9] Jahresbericht des Deutschen Exekutivdirektors bei der Weltbank, Geschäftsjahr 2006, Washington D.C., September 2006, v; siehe auch: Bruce Jenkins, Green-light for the Bank's Middle Income Country (MIC) Strategy

auch die Zusagen für Afrika seien gestiegen, meldet die Bank.[10] Und die IFC, deren Kreditvergabe für private Investoren und Unternehmen in Entwicklungsländern wie in den Jahren zuvor weiter anstieg, verkündet selbstbewusst, dass »Investitionen, nicht Entwicklungshilfe den Wandel in den Entwicklungsländern vorantreiben«.[11]

Allerdings stehen diese Erfolgsmeldungen im Widerspruch zu den Erkenntnissen der eigenen Evaluierungsabteilung.[12] Danach leisten Großinvestitionen bestenfalls dann einen substanziellen Beitrag zur Armutsminderung, wenn sie in Gegenden mit hoher Armutsrate – also insbesondere in ländlichen Regionen – erfolgen, wenn sie dazu beitragen, die Ungleichheit zu verringern, und wenn sie Beschäftigung schaffen. Die Strategie, die auf Infrastruktur-Investitionen in Schwellenländern abstellt, begünstigt dagegen kapitalintensive, beschäftigungsarme Sektoren, die Industrie und die Städte, und trägt damit dazu bei, bestehende Ungleichheiten weiter zu vergrößern.

2. Wer entscheidet, entscheiden wir

Die Weltbank setzt sich, ebenso wie der IWF, immer wieder für Demokratie, Offenheit, Transparenz und Partizipation in den Entwicklungsländern ein. Ihre eigenen Aktivitäten erfüllen diese Anforderungen aber bei weitem nicht. Ihrer Kreditvergabe fehlt die Transparenz, ihre Entscheidungsstrukturen sind alles andere als demokratisch. Entscheidungen, die das Leben von Hunderttausenden von Menschen zum Guten wie zum Schlechten verändern können, fallen weitgehend hinter verschlossenen Türen. Diese Situation ist besonders problematisch geworden, seit durch die Ausweitung der Konditionalisierung in den 1980er Jahren die Eingriffe der Bank in die inneren Angelegenheiten der Schuldnerländer immer weiter zugenommen haben und jetzt Bereiche wie Gesetzgebung und Rechtsprechung, Sozialpolitik, Regierungs- und Verwaltungshandeln betreffen.

Parlamente ignoriert: Die direkten »Kunden« der Weltbank sind die Regierungen. Da wiederum spricht die Bank jedoch vor allem mit

---

[10] World Bank's Lending Commitments Reach New Records. The World Bank News & Broadcast, August 4, 2006

[11] Financial Times, zitiert in: World Bank Press Review, 17. November 2006

[12] IEG, Annual Report on Development Effectiveness 2006

den Finanzministern, weniger mit dem Handelsministerium, erst recht kaum mit den jeweiligen Entwicklungsbehörden. Übergangen werden außerdem vielfach die Parlamente, die entweder gar nicht informiert werden oder deren Wünsche überhört werden. In Sambia und Mosambik zum Beispiel benötigt die Regierung für die Aufnahme neuer Kredite keine Zustimmung des Parlaments, trotz der weitreichenden Folgen, die eine unkontrollierte Auslandsverschuldung mit sich bringt.

Beispiele aus Ghana, Malawi, Georgien und Uganda zeigen, wie die internationalen Finanzinstitutionen dazu beitragen, die Autorität der nationalen Parlamente auszuhöhlen.[13] Sie nutzen ihre Macht, um zentrale wirtschaftspolitische Entscheidungen zu beeinflussen, wobei sie die Regierungen oft drängen, die Parlamente zu übergehen oder zu überstimmen, oder sie zu reinen Abnickern von Kreditabkommen und anderen Abmachungen mit der Regierung zu degradieren. Dadurch wird ein paralleler politischer Entscheidungsprozess geschaffen, der den Aufbau nationaler demokratischer Systeme eher verhindert als unterstützt. Ebenso waren an vielen Armutsminderungsstrategien die Parlamente kaum oder gar nicht beteiligt. Dann aber kann man kaum davon sprechen, dass Reformen *Country owned* sind.

»Ich habe einen Job zu erledigen und will dabei nicht von anderen instruiert werden, es sei denn, es handelt sich um meine Shareholder.« (Weltbankpräsident James Wolfensohn)

Inzwischen ist auch die Weltbank zu der Einsicht gelangt, dass »einheimische Kontrollen über Regierungsentscheidungen für die Armutsbekämpfung notwendig sind, und Parlamente sind dafür die Schlüsselinstitutionen«.[14] Gegen eine Kontrolle ihrer eigenen Aktivitäten durch die Parlamente der Mitgliedsländer wehrt sie sich dagegen noch. Bis heute haben schätzungsweise 1000 Parlamentsmitglieder aus der ganzen Welt eine Petition unterzeichnet, die eine demokratische Kontrolle über Weltbank und IWF fordert.

Undemokratische Stimmverhältnisse: Die Weltbank funktioniert nach dem System »Ein Dollar – eine Stimme«. Für wichtige Beschlüsse sind 85% der Stimmen erforderlich. Das bedeutet, dass die USA, die

---

[13] Kept in the dark. A briefing on parliamentary scrutiny of the IMF and World Bank. April 2005, www.wdm.org.uk/resources/briefings/debt/keptindark.pdf
[14] World Bank, Helping Parliaments to Help the Poor, Findings, No. 222, January 2003

gegenwärtig 16,41% der Stimmen haben, ein Vetorecht besitzen. Im Gegensatz dazu haben die 44 Länder in Afrika südlich der Sahara zusammen weniger als 6%.

Diese undemokratische Stimmverteilung wird durch die ungleiche Machtverteilung im Aufsichtsrat *(Executive Board)* unterstrichen und verstärkt. Hier haben die acht reichsten Länder der Welt, darunter Deutschland, jeweils einen Sitz, während sich die übrigen Länder die verbleibenden 16 Sitze teilen müssen. So gibt es für alle Länder in Afrika nur zwei Exekutivdirektoren. Kenias Regierung zum Beispiel muss daher mit 21 anderen Länderregierungen um Einfluss auf ihren gemeinsamen Exekutivdirektor konkurrieren. Für Bürger der einzelnen Länder oder ihre Vertreter ist es erst recht nahezu unmöglich, ihre Regierungen oder Vertreter im *Board* zu beeinflussen oder für Entscheidungen zur Verantwortung zu ziehen.

Das bedeutet auch, dass die Länder, die die Bank mit ihren Gebühren und Rückzahlungen finanziell am Leben erhalten, kaum Einfluss haben. Ein großer Teil der Finanzierung der Weltbank wurde in den 1980er Jahren auf die ärmeren Länder als Kreditnehmer verlagert. Dadurch wurden die reichen Länder finanziell entlastet, weil sie ihre Überweisungen entsprechend verringern konnten.[15] Und das bei der Gründung der Bretton-Woods-Institutionen möglicherweise noch berechtigte Prinzip: Wer zahlt, bestimmt auch die Musik, hat sich inzwischen längst in das glatte Gegenteil verkehrt.

Die Absurdität der überkommenden Stimmverhältnisse wurde jüngst wieder deutlich, als 2005 der Nachfolger für James Wolfensohn gesucht wurde. Während traditionell die Europäer den Chef des IWF bestimmen, benennt die US-Regierung den Boss der Weltbank. So wurde Paul Wolfowitz, als stellvertretender Verteidigungsminister einer der Architekten des Irakkrieges, neuer Weltbankpräsident (siehe Kasten: Stellenbesetzung nach Art des (Weißen) Hauses).

Wie in vielen großen nationalen und internationalen Organisationen gibt es auch bei Weltbank und IWF nur sehr wenige Frauen in den Spitzenpositionen. Im Jahr 2002 etwa bestand der Aufsichtsrat des IWF ausschließlich aus Männern, im Aufsichtsrat der Weltbank betrug ihr Anteil 92%. Dieses Ungleichgewicht ist auch angesichts der Zielset-

---

[15] Ngaire Woods, The Globalizers. The IMF, the World Bank, and Their Borrowers, April 2006

Stellenbesetzung nach Art des (Weißen) Hauses

Die Benennung von Paul Wolfowitz als Weltbankpräsident durch die US-Regierung ist ein klares Beispiel für die undemokratischen Entscheidungsstrukturen in den internationalen Finanzinstitutionen: keine offengelegten Kriterien und Qualifikationsanforderungen, keine Kandidatenliste, kein Verfahren, um interessierte Bürger zu beteiligen. Der Aufsichtsrat bestätigt im Allgemeinen die Benennungen automatisch. Von den zehn Präsidenten der Weltbank seit 1946 kamen sechs aus dem »Big Business«, insbesondere von Banken wie *Chase National* und *BankAmerica*, drei – wie Wolfowitz – aus dem Verteidigungsministerium, nur einer aus dem US-Congress – und natürlich waren alle Männer.

Bruce Jenkins; Nancy Alexander: Who Rules the World (Bank)?, BIC IFI Info Brief No. 1, September 2005, 4

zung, die Armut in der Welt zu verringern, bemerkenswert, wird doch geschätzt, dass 70% der Ärmsten Frauen sind.

Intransparente Entscheidungen: Zwar veröffentlicht die Weltbank heute weit mehr Informationen über ihre Projekte, über Kreditvergabe, beteiligte Unternehmen, Auswertungen und Auswirkungen. Diese Transparenz ist wichtig, weil die Bevölkerungen ein Recht auf Information darüber haben, welche Aktivitäten die Bank in ihren Ländern durchführt – auch als Kontrolle gegenüber ihrer eigenen Regierung. Nach wie vor diskutieren und entscheiden die Bank-Direktoren aber hinter verschlossenen Türen, Argumente und Abstimmungsverhalten sind weitgehend geheim – nicht gerade ein Verhalten, das einer öffentlichen Institution wie der Weltbank gut ansteht.

Mangelnde Kontrolle, Straf- und Verantwortungslosigkeit: Als multinationale Institution beruft sich die Bank auf ihre Immunität gegenüber den meisten Gesetzen, die für ihre Mitgliedsstaaten gelten. Formal ist die Bankengruppe nur ihren Eigentümern gegenüber verantwortlich, also den Regierungen als den Anteilseignern.

Ihre Statuten verpflichten sie nicht zu einer Rechenschaftspflicht oder Verantwortung gegenüber der Zivilgesellschaft oder den Bevölkerungsgruppen, die durch ihre Projekte möglicherweise geschädigt oder benachteiligt werden, oder gegenüber Menschenrechtsinstanzen der Vereinten Nationen. Daher haben betroffene Individuen oder Gruppen wenig Möglichkeiten, sich zu beschweren oder Entschädigungen einzufordern.

Offenlegung von Informationen

Die *Global Transparency Initiative* (GTI), ein Netzwerk zivilgesellschaftlicher Organisationen, das die Offenheit internationaler Finanzinstitutionen fördern will, legte im September 2006 eine *Transparency Scorecard* für die Weltbank vor, in der die Offenlegungs-Standards der Weltbankgruppe bewertet werden.[1] Anerkennung finden die Fortschritte in den vergangenen 15 Jahren, es bleiben aber auch Lücken und hartnäckige Probleme. So wird festgestellt, dass die Weltbankgruppe zwar die routinemäßige Veröffentlichung von einer Reihe von Dokumenten und Basisinformationen ermöglicht, doch fehlen Budget-Informationen über IFC und MIGA. Ebenso gibt es nur wenig Informationen über die Aktivitäten der Institutionen in den einzelnen Ländern und auf der Ebene der Investitionen. Generell sind die Informationen über Projekte in der Implementierungsphase dürftig. Zweitens wird festgehalten, dass zwar offiziell ein Maximum an Veröffentlichungen versprochen wird, doch dieses Prinzip in der Praxis nicht eingelöst wird. Stattdessen sind immer noch viele Informationen unter Verschluss.

[1] Assessing World Bank Openness: A Transparency Scorecard. September 2006. www.bicusa.org/en/Article.2963.aspx

Trotz falscher Einnahme-Prognosen, die dazu führten, dass Schuldenerlasse geringer ausfielen als möglich und notwendig gewesen wären, um die Länder dauerhaft und ausreichend zu entlasten, lehnt die Bank jegliche Verantwortung für die Auswirkungen ihrer Gutachtertätigkeit ab. Anders als bei privaten Beratern haben Staaten keinerlei Möglichkeiten, sie für die Auswirkungen fahrlässig oder gar wissentlich falscher Entscheidungen finanziell zur Verantwortung zu ziehen.

Trotz der Vielzahl von Menschenrechtsverletzungen und Umweltzerstörungen weigert sich die Bank, eine rechtliche Verantwortung für diese Schäden zu übernehmen. Zudem besteht eine »Kette der Verantwortungslosigkeit«. Alle Beteiligten schieben die Verantwortung ab – die IFC zum Beispiel auf die Projektsponsoren, das BMZ verlässt sich auf die IFC, die Weltbank verweist bei Korruptionsfällen auf die Regierungen (»*Bad Governance*«) usw. Niemand übernimmt Verantwortung – weder moralisch, erst recht nicht materiell, etwa in Form von Entschädigungen für Vertreibungen, Überschuldung oder Umweltzerstörungen, die durch fehlgeschlagene Projekte und »Politikberatung« entstehen.

Im Laufe der Zeit und aufgrund wachsender Proteste musste die Weltbankgruppe allerdings Mechanismen einrichten, an die sich betroffene Gruppen wenden können – das *Inspection Panel*, zuständig für IBRD und IDA-Projekte, und die unabhängige Ombudsstelle, zuständig für IFC und MIGA. Allerdings ist die Unabhängigkeit dieser Mechanismen fraglich, weil der Aufsichtsrat der Weltbank darüber entscheidet, welche Klagen bearbeitet und welche Nachforschungen durchgeführt werden. Zudem werden die Ergebnisse und Empfehlungen oft nicht sonderlich ernst genommen. Festgestellte Verstöße gegen Weltbank-Richtlinien, wie etwa in Kambodscha und Pakistan, ändern in der Praxis wenig, weil die Kontrolleure keine Befugnisse zur Durchsetzung ihrer Empfehlungen haben. Bei neuen Projekten geht daher alles wieder von vorn los, obwohl etwa die IFC ständig versichert, sie sei eine »lernende Institution«.[16]

Als Ergebnis dieser Management- und Verantwortungsstrukturen, die in ihren Grundzügen seit der Gründung vor über 60 Jahren unverändert sind, haben die Länder und Bevölkerungsgruppen, die am stärksten – und oft negativ – von der Politik betroffen sind, die geringsten Möglichkeiten, Einfluss zu nehmen, sich zu wehren oder wenigstens Entschädigungen gegenüber der Bank durchzusetzen. In den ungleichen Machtverhältnissen sehen Entwicklungsorganisationen eine wesentliche Ursache dafür, dass die Bank ihr falsches Entwicklungskonzept weiterhin umsetzen kann – unkontrolliert und ohne Furcht vor Strafe. Gleichzeitig können die reichsten Länder, die Industrieländer, ihre eigenen Interessen einbringen und die Weltbank als Instrument nutzen, um sie gegenüber anderen Regierungen auch durchzusetzen. So kommt es, dass die Institutionen vielfach eine Politik machen, die oft eher den Hauptanteilseignern nutzt als den Menschen in den Entwicklungsländern.

>*Auf nationaler Ebene lehnen Bürger Regierungsprozesse, die nicht rechenschaftspflichtig und transparent sind, seit langem schon ab, jetzt fordern sie zunehmend auch auf internationaler Ebene Rechenschaftspflicht. Multilaterale Institutionen wie die Weltbank sind überreif für eine demokratische Runderneuerung.« (Bruce Jenkins/ Nancy Alexander)*

---

[16] Die Weltbank und der Privatsektor, September 2005 (urgewald)

Doch längst fangen die Kreditnehmer an, gegen den Stachel zu löcken, zuletzt sehr deutlich bei der gemeinsamen Jahrestagung von IWF und Weltbank im Herbst 2006 in Singapur. Dort musste der Fonds auf Drängen von China, Indien und anderen erste Reformschritte bei den Stimmverhältnissen einleiten und aufstrebenden neuen Wirtschaftsmächten größeres Gewicht einräumen (auf Kosten Afrikas). Auch die Finanzminister und Zentralbankchefs der G20, die sich aus den »alten« Industrieländern der G7 und den wichtigsten *Emerging economies* zusammensetzen, forderten im November 2006, die Effektivität und Legitimität der beiden Institutionen durch umfassende Reformen zu verbessern.[17] Trevor Manuel, Finanzminister von Südafrika, umriss einige der Forderungen: »Es geht um die Repräsentation in der Bank und im Fonds, es geht um die Beziehungen zu ihren Mitgliedern, und es geht darum, wie die Führungspositionen besetzt werden.«[18]

---

[17] AFP, zitiert in World Bank Press Review, 20.11.2006
[18] Xinhua, zitiert in World Bank Press Review, 22.11.2006

Kapitel 6:
Deutsche Weltbank-Politik:
Wunschdenken und Wirtschaftsförderung

von Daniela Setton

> *»Unsere Vision ist eine gemeinsame Zukunft ohne Armut.*
> *Die Weltbank hierfür weiter zu stärken, ist eine gemeinsame*
> *Herausforderung für uns alle.«*
> Bundesministerium für wirtschaftliche Zusammenarbeit
> und Entwicklung 2002

Deutschland hat – gemeinsam mit anderen Regierungen der Utstein-Gruppe[1] – seit Ende der 1990er Jahre in der Weltbank auf Veränderungen gedrängt und die Reformen des ehemaligen Weltbankpräsidenten Wolfensohn unterstützt, die die Bank auf ihren Auftrag der Armutsbekämpfung und der sozialen und ökologischen Nachhaltigkeit hin ausrichten sollten. Deutschland hat auch auf dem G8-Gipfel in Köln 1999 entscheidend zu einer Erweiterung der HIPC-Initiative zum Schuldenlass beigetragen und auf eine stärkere Armutsorientierung gedrungen.

1. Schöne Worte ohne Durchschlagkraft

Viele der Äußerungen und »Kernanliegen« des BMZ in der Weltbank rufen bei zivilgesellschaftlichen Akteuren nur Zustimmung hervor. Doch das zentrale Problem ist, dass es weitgehend bei schönen Worten bleibt. Denn trotz der herausgehobenen Stellung kann sich die deutsche Bundesregierung in der Weltbank mit vielen ihrer entwicklungspolitischen Vorstellungen nicht durchsetzen. Die politische Linie des BMZ steht sogar teilweise in krassem Gegensatz zu dem, was die Bank wirklich tut. Dies wird im Folgenden beispielhaft anhand von zwei Po-

---

[1] Mitgliedsländer der informellen Utstein-Gruppe sind Deutschland, Großbritannien, Kanada, Norwegen, Niederlande und Schweden.

litikbereichen gezeigt, die seit einigen Jahren zu den Kernanliegen der deutschen Weltbankpolitik gehören.

Beispiel 1: Förderung Erneuerbarer Energien

Das BMZ hat immer wieder betont, wie wichtig es ist, die Weltbank stärker auf die Förderung erneuerbarer Energien auszurichten. Im Kontext der Diskussionen um den *Extractive Industries Review* von 2004 (siehe Kapitel 2.1) positionierte sich das BMZ klar. So erklärte die Bundesministerin für wirtschaftliche Zusammenarbeit und Entwicklung, Heidemarie Wieczorek-Zeul: »Ich werde mich mit Nachdruck dafür einsetzen, dass die Weltbank durch Umschichtungen und zusätzliche Mittel sich stärker im Bereich der Erneuerbaren Energien einsetzt.« Die Weltbank müsse durch eine »deutliche Ausweitung« des Anteils erneuerbarer Energien zu einer »Förderbank für eine neue Energiezukunft« werden, so die Ministerin.[2] In einer ausführlichen Stellungnahme zum *Review*-Gutachten machte sich das BMZ darüber hinaus für die Umsetzung von dessen Kernempfehlungen stark. Die Ministerin kündigte an, dass der Salim-Report »die Politik der Weltbank spürbar verändern wird.«

Bis heute jedoch wartet man vergeblich auf diese »spürbare Änderung«. Tatsächlich hatte Deutschland zwar daran mitgewirkt, dass sich die Weltbank 2004 auf der Konferenz für Erneuerbare Energien in Bonn zu eine Erhöhung ihrer Ausgaben um jährlich 20% verpflichtete, allerdings für Erneuerbare Energien *und* Energieeffizienz. Doch das BMZ wies selbst schon darauf hin, dass dieses Ziel wenig ambitioniert ist, weil angesichts des niedrigen Ausgangsniveaus (2003) die Weltbank-Kreditvergabe nach fünf Jahren nicht viel höher liegen wird als in den 90er Jahren.[3] Bereits 1994 hatte die Bank (IBRD/IDA) für die direkte Förderung von erneuerbaren Energien (ohne Großstaudämme) mit 270 Mio. US-Dollar doppelt so viel für erneuerbare Energien ausgegeben wie 2006 (siehe oben, Kapitel 2).

Das BMZ hatte bei der Diskussion um den Salim-Report auch Gewicht auf die stärkere Verankerung der Rechte der von Projekten betrof-

---

[2] »Wieczorek-Zeul für stärkeres Weltbank-Engagement bei Erneuerbaren Energien«, 3.4.2004, http://www.bmz.de/de/presse/pm/presse03032004.html

[3] BMZ, Deutsche Position zur »Draft World Bank Group Management Response« zum Report »Striking a Better Balance – The World Bank Group and Extractive Industries: the Final Report of the Extractive Industries Review«. www.bmz.de

fenen Gruppen gelegt, etwa auf den Grundsatz der freien, rechtzeitigen und informierten Zustimmung (*Free prior informed consent*, FPIC). Doch bis heute setzt das Management der Bank auch diese Empfehlung des Salim-Reports nicht um. Dasselbe Schicksal trifft auch die Empfehlungen der Weltstaudammkommission (WCD). Das BMZ hat sich für deren Umsetzung in der Weltbank ausgesprochen – ohne Erfolg.

Auf der IWF/Weltbank-Jahrestagung in Singapur im Herbst 2006 ist es der deutschen Bundesregierung nur mit großer Mühe gelungen, das Ziel einer Reduktion von Kohlendioxid auf der Bank-Agenda des *Investment Framework for Clean Energy and Development* zu halten (siehe Kapitel 2.3). Statt eines Fortschritts gab es also die Verhinderung eines Rückschritts. »Aber seien Sie sicher, da bleibe ich dran«, erklärte die Ministerin hoffnungsvoll (Interview in: Die Tageszeitung, 4.11.2006.[4]

Beispiel 2: Abkehr vom Washington-Konsens

Ein weiterer zentraler Schwerpunkt der deutschen Weltbankpolitik ist der Versuch, den umstrittenen »Washington Konsens« aufzuweichen. So veröffentlichte das BMZ anlässlich der Frühjahrstagung von IWF und Weltbank 2004 ein »Diskussionspapier«, in dem die Kritik an den traditionellen Politikempfehlungen des »Washington Konsens« formuliert, die fehlende Armutsorientierung der Strukturanpassungsprogramme kritisiert sowie Vorschläge für wirtschaftspolitische Alternativen vorgelegt werden, wie beispielsweise die Einführung von klaren verteilungspolitischen Maßnahmen im Rahmen von Wachstumsstrategien, eine selektive Marktöffnung oder eine aktive Investitionspolitik.[5]

Deutschland hat sich seit drei, vier Jahren ebenso dafür eingesetzt, dass die Strukturanpassungsprogramme der Weltbank reformiert wurden. Erklärtes Ziel war, dass die programmbezogene Kreditvergabe der Bank nur noch hinsichtlich der Verfahren und der Instrumente standardisiert ist, jedoch nicht mehr in Bezug auf den *Inhalt* der Reformen. Auf der Sitzung des Entwicklungsausschusses von IWF und Weltbank auf der Jahrestagung 2005 erklärte die Ministerin, es sei wichtig, dass die Bank keine Vorschriften – sprich: Konditionalisierung – bei wirt-

---

[4] http://www.taz.de/pt/2006/11/04/a0193.1/text
[5] BMZ, Post-Washington-Consensus – Einige Überlegungen. Diskussionspapier. Berlin 2004

Deutschland in der Weltbank

Deutschland ist seit mehr als 50 Jahren Mitglied der Weltbank. Mit dem Beitritt zur IBRD im Jahr 1952 hat es auch extraterritoriale Staatenpflichten übernommen und ist für die Einhaltung der Menschenrechte durch die Weltbank verantwortlich.[1] Mit insgesamt 4,49% der Stimmrechte ist Deutschland hinter den USA und Japan der drittgrößte Anteilseigner der Bank und mit einem eigenen Exekutivdirektor im Verwaltungsrat vertreten, was eine starke Stellung bedeutet.[2] Die Exekutivdirektoren prüfen und entscheiden z.b. über Anträge auf Kredite, Zuschüsse oder Garantien und geben die Richtung der allgemeinen Geschäftätigkeit der Bank vor. In der Regel wird in den Sitzungen des Verwaltungsrats im Konsens entschieden. Der deutsche Exekutivdirektor enthält sich nur in Ausnahmefällen, meistens stimmt er den Projekten und Programmen der Bank zu.

Deutschland unterstützt die Weltbank jährlich mit hohen Zahlungen. Im Schnitt entfallen etwa 6% der gesamten deutschen öffentlichen Entwicklungshilfe (ODA) auf Beiträge an die Weltbankgruppe, was im Vergleich zu den anderen DAC-Mitgliedern hoch ist, die durchschnittlich etwa 4% geben.[3] Werden die deutschen Einzahlungen an die Weltbank mit denen an die UN verglichen, so lagen sie Ende der 1990er Jahre noch gleichauf; seit 2005 sind die Zahlungen an die UN nur noch kaum halb so hoch wie die Zahlungen an die Weltbank.

Multilaterale Deutsche ODA-Leistungen an Weltbank und UN in Mio. Euro

	An die Weltbankgruppe	An die UN
1997	306,5	229,1
1998	306,2	306,5
1999	390,8	304,7
2000	416,4	416,8
2001	389,8	514,6
2002	23,7	436,8
2003	434,6	265,1
2004	923,9	232,6
2005	377,3*	171,4*
2006	...	...
2007	452,1*	199,3*

* laut Haushaltsplanung; Quelle: Medienhandbuch Entwicklungspolitik 2006/2007+2004/2005, bmz

[1] Germany's extraterritorial human rights obligations in multilateral development banks, October 2006 (FIAN/EED, Brot für die Welt)

[2] Der 24köpfige Verwaltungsrat hat eine zentrale Leitungsfunktion in der Bank inne. Ihm obliegt die allgemeine Geschäftsführung.

[3] OECD, DAC-Prüfbericht Deutschland 2005, Paris 2006. Gewöhnlich stellen die multilateralen Leistungen Deutschlands etwa ein Drittel der gesamten ODA-Bruttoleistungen dar. Aufgrund eines größeren Beitrags an die Weltbank machten diese 2004 jedoch insgesamt 42% der gesamten Bruttoleistungen aus.

Die Einzahlungen an die Weltbankgruppe fließen in erster Linie in die IDA-Wiederauffüllungsrunden. Der größte Geber für die IDA sind gegenwärtig die USA mit 13,8% der gesamten Beiträge. Deutschland steht mit 8,23% an vierter Stelle, hinter Großbritannien (13,2%) und Japan (12,2%).[4] Werden jedoch die kumulierten Beitragszahlungen bis zur 13. Wiederauffüllungsrunde der Mittel der IDA als Grundlage genommen, ist Deutschland mit rund 14 Milliarden US-Dollar (11,84%) drittgrößter Beitragszahler, nach den USA und Japan.[5]

Doch Deutschland unterstützt die Weltbank nicht nur durch direkte Einzahlungen (multilaterale Beiträge), sondern auch durch Mittel der bilateralen Entwicklungshilfe. Von den Gemeinschaftsfinanzierungs-Programmen in 18 Ländern (vor allem in Afrika südlich der Sahara und Lateinamerika), die Deutschland zwischen 2001 und 2005 mit 300 Mio. Euro unterstützt hat, ging ein Großteil als Kofinanzierung an *Poverty Support Credit-Programmes* (PRSC) der Weltbank. Damit wurden alle Konditionalitäten der Bank automatisch Konditionalitäten für die deutsche bilaterale Entwicklungshilfe.

[4] Zusammen mit internen IDA-Mitteln aus Rückflüssen und Übertragungen von Gewinnen der IBRD ermöglicht dies einen Finanzierungsrahmen von rd. 32,7 Mrd. US-Dollar für den Zeitraum der Finanzjahre 2006 bis 2008.
[5] Stand 2005. BMZ, Medienhandbuch Entwicklungspolitik 2006/2007, 110; OECD, DAC-Prüfbericht Deutschland 2005, Paris 2006

schaftspolitischen Reformen wie Privatisierung, Handelsliberalisierung und Reformen des Finanzsektors machen soll und bei entsprechenden Reformen darauf achten müsse, dass sie von einer »angemessenen Analyse ihrer politischen, ökonomischen, sozialen und armutsbezogenen Auswirkungen« geleitet werden«.[6]

Der Beitrag zur Diskussion über alternative Entwicklungsstrategien, den das BMZ mit seinem Diskussionspapier zum »Post-Washington-Consensus« vorgelegt hat, hatte leider jedoch keinerlei Konsequenzen für die Bank. Der »Washington-Konsens« ist nicht überwunden, sondern erweitert und gefestigt worden. So geht die Bank beispielsweise in vielen Bereichen genau andersherum vor, als es das BMZ für richtig hält. Das BMZ spricht sich in Bezug auf die Reihenfolge von Reformen für »*micro-first – macro-second*« aus und betont, dass handelspolitische Strategien in eine entwicklungspolitische Strategie eingebettet

---

[6] Heidemarie Wieczorek-Zeul, Rede auf der Sitzung des Development Committee von IWF und Weltbank, September 2005, S. 4.

sein müssen und dass die Weltbank Empfängerländern ausreichenden *policy space* für das Design ihrer eigenen Entwicklungsstrategien lassen muss.[7] Die konzeptionelle Linie der Bank, die sich in der Kreditvergabe niederschlägt, lautet jedoch: »*macro-first – micro-second*«. Das heißt, die Bank drängt Länder zu einer möglichst schnellen Liberalisierung und Privatisierung, bevor die adäquaten institutionellen Rahmenbedingungen wie z.B. starke Regulierungsbehörden hergestellt wurden. Von »*policy space*« in zentralen Bereichen wie makroökonomischer oder strukturpolitischer Politik keine Spur. Auch haben sich Instrumente wie das PSIA (*Policy Support Instrument Analysis*), die die deutsche Regierung mit dem Argument, sie würden die Strukturanpassungspolitik sozial verträglicher machen, unterstützt hat, als wenig effektiv erwiesen.

2. Verfehlte Reformstrategie

Dem BMZ ist klar, dass viele der großen Reformversprechen der Weltbank aus den 1990er Jahren – wie die umfassende Ausrichtung auf die Ziele der Armutsbekämpfung und ökologischen Nachhaltigkeit – trotz der Umbenennung vieler Verwaltungsvorschriften und -richtlinien sowie der Einführung »neuer Instrumente« weitestgehend Makulatur sind. Umso erstaunlicher ist es, dass die strategische Antwort auf diese Umsetzungsdefizite vor allem in einem »Weiter so!« besteht.

In ihrem jüngsten Strategiepapier vom Januar 2006 wird weitestgehend auf die Stärkung von bereits eingeführten Verfahren und Instrumenten gesetzt, um die Reformversprechen der 1990er Jahre endlich einzulösen. Die zentralen »Stellschrauben« sind insofern die großen Reformbaustellen: Es soll zum Beispiel auf mehr *Ownership* und Partizipation der Bevölkerung hingewirkt werden, die Etablierung alternativer makroökonomischer Politiken in PRSPs forciert und Verbesserungen des PRSP-Prozesses eingeleitet werden. Auch die Einschränkung der Reichweite und der Vielzahl der Konditionalitäten der Weltbank, eine

---

[7] Das BMZ hält es beispielsweise für richtig, makroökonomische Maßnahmen wie Liberalisierung und Privatisierung in Entwicklungsländern so lange zurückzustellen, bis dafür die richtigen institutionellen Voraussetzungen bestehen, und weist selbst darauf hin, dass dies Jahrzehnte dauern kann. Siehe BMZ, Post-Washington-Consensus – Einige Überlegungen. Berlin, April 2004, 12

Verstärkung der Wirkungsorientierung und -überprüfung, eine Reform der Anreizmechanismen in der Bank, die jetzt eher die Vergabe großer Kredite als die gründliche Prüfung ihrer Auswirkungen belohnen, u.a.m. sollen vorangetrieben werden.[8]

Die meisten dieser vorgeschlagenen Maßnahmen zielen in die richtige Richtung. Doch die formulierten »Kernanliegen« des BMZ haben den Charme einer Wunschliste, von der man schon vorher weiß, dass die Wünsche nicht erfüllt werden. Denn eine Reformstrategie, die vor allem darauf zielt, durch kleinteiliges Stückwerk an bereits gescheiterten Reformen strukturelle Probleme in den Griff zu bekommen, ist wenig Erfolg versprechend.

Anstatt das Scheitern der »großen Reformdekade« unter James Wolfensohn offen einzugestehen und daraus die nötigen politischen Konsequenzen zu ziehen, scheut das BMZ einen offenen Bruch mit dem verbalen Schmusekurs der Weltbankdiplomatie. Permanent werden von deutscher Seite aus faule Kompromisse eingegangen, die einer verantwortlichen Politik entgegenstehen.[9] Auf scharfe öffentliche Worte der Bundesregierung wartet man bis heute vergeblich, wenn es um die Weltbank geht. Auch mutige und weit reichende strukturelle Reformvorschläge, die beispielsweise auf die Einführung einer wirklichen Rechenschaftspflicht der Weltbank zielen würden, fehlen in den Politik- und Strategiepapieren des BMZ.

Es wird permanent so getan, als wären die Reformversprechen längst eingelöst und die Bank im guten Sinne »lernfähig«. So beispielsweise mit Bezug auf die Reform der Strukturanpassungsprogramme. Im 12. Entwicklungspolitischen Bericht der Bundesregierung von 2005 kann man lesen, dass die Weltbank dank des deutschen Engagements einen »Kurswechsel« eingeleitet habe, indem die Strukturanpassungskredite durch Entwicklungsdarlehen ersetzt werden sollen, »die für alternative und lokale Lösungsansätze offen sind«; damit werde nicht länger »eine »Blaupause« für strukturelle Reformen vorgegeben«.[10] Damit wirkt die

---

[8] BMZ, Weltbank – Kernbotschaften der deutschen Entwicklungszusammenarbeit. Ref. 3001. Berlin Januar 2006. www.bmz.de/de/wege/dokumente/060223_kernbotschaften-dt-fin.pdf

[9] Hier sei nur beispielhaft die jüngste Reform der IFC-Standards genannt (siehe Knud Vöcking, Kein Fortschritt. Die Privatwirtschaft in die Pflicht nehmen. Leserbrief, E+Z 4/2006, 164).

[10] BMZ, Zwölfter Bericht zur Entwicklungspolitik der Bundesregierung. Bonn 2005

Bundesrepublik schließlich auch entscheidend daran mit, dass sich die Lücke zwischen Rhetorik und Wirklichkeit bei der Bank immer stärker ausweitet und die Politik der Weltbank einen »Persilschein« erhält.

Indem das BMZ zudem immer wieder idyllische (Zukunfts-)Bilder der Bank malt wie »Förderbank für eine neue Energiezukunft« oder »Hüterin Globaler Öffentlicher Güter«, suggeriert sie, die Bank könnte diese Rolle ohne grundlegende Veränderungen tatsächlich erfüllen. Mit ihrer Haltung stärkt die deutsche Bundesregierung also die Bank als Akteur und trägt zu ihrer Legitimierung bei.

Strategische Kurzschlüsse

Auch gibt es erhebliche Widersprüche in der politischen Linie des BMZ, womit progressive Vorstöße permanent unterlaufen werden. Während sich das BMZ für die Pluralisierung des wirtschaftspolitischen Diskurses bei der Bank ausspricht, setzt es sich öffentlich für eine »erfolgreiche« Umsetzung der derzeitigen – fälschlicherweise als »Entwicklungsrunde« verklärten – Doha-Verhandlungsrunde der WTO ein. Darüber hinaus vertritt sie zugleich das Konzept der »Wissensbank« und preist die Rolle der Bank im internationalen Entwicklungsdiskurs: »In Zeiten zunehmender internationaler Verflechtung bilden viele der von der Weltbank bereit gestellten Informationen ein globales öffentliches Gut, wodurch eine verantwortungsvolle Entscheidungsfindung im nationalen wie internationalen Rahmen erleichtert wird.«[11] Man kann sich nur wundern, mit welcher Verve das BMZ die ideologisch gefärbte Forschungs- und Analysetätigkeit der Weltbank schönredet (siehe Kasten: »Wissensbank«, S. 94). Als eines seiner »Kernanliegen« formuliert das BMZ zwar in seinem jüngsten Strategiepapier, dass die Bank »verstärkt dazu beitragen [sollte], nationale Einrichtungen bei der Erstellung von Expertise zu nutzen bzw. entsprechende Analysekapazitäten aufzubauen«.[12] Würde sie diese unterstützenswerte Forderung allerdings ernst nehmen, müsste das darauf hinauslaufen, das Weltbankmonopol der Definitionsmacht darüber, was als »gute Politik« gilt, entschieden zu schwächen.

Es ist durchaus anzuerkennen, dass das BMZ in einigen Fällen bemüht ist, seinen Einfluss in der Bank positiv geltend zu machen, um

[11] BMZ, Partnerschaft gegen die Armut – unsere Ziele in der Weltbank. Berlin 2002
[12] BMZ, Weltbank – Kernbotschaften der deutschen Entwicklungszusammenarbeit. Berlin Januar 2006, 2

bestehende Projekte zu verbessern und die schlimmsten Folgen für die Betroffenen und die Umwelt abzufedern. Doch »Schadensbegrenzung« ist wohl kaum als entwicklungspolitische Strategie zu bezeichnen. Darüber hinaus reicht es in der überwiegenden Zahl der Fälle nicht einmal dazu. Mit seinen geringen Personalkapazitäten ist das BMZ oft gar nicht in der Lage, wichtige Prozesse in der Weltbank in ausreichendem Maße zu verfolgen und zu beeinflussen oder gar die Kontrolle und Überwachung der Umsetzung verabschiedeter Weltbankreformen und -projekte effektiv vorzunehmen.

Dass Deutschland trotz seiner herausgehobenen Stellung als drittgrößter Anteilseigner und bedeutender Geldgeber gerade auch progressive Positionen nicht durchsetzen kann, ist auch ein Ausdruck der strukturellen Mängel dieser Institution. Anstatt Reformvorschläge voranzutreiben, die auf struktureller Ebene die Probleme angehen, unterstützt die deutsche Regierung mit ihrer Politik der »kleinen Schritte« den generellen Kurs der Bank und trägt zur Aufrechterhaltung der bestehenden Missstände bei. Damit hat Deutschland auch erhebliche Mitverantwortung für die von der Bank finanzierten Menschenrechtsverletzungen, Umweltzerstörungen und Fehlentwicklungen in Entwicklungsländern.

3. Die Weltbank als Machtinstrument

Es stellt sich die Frage, warum Deutschland als immerhin drittgrößter Anteilseigner der Bank bereit ist, eigene entwicklungspolitische Kernanliegen in der wichtigsten internationalen Entwicklungs- und Finanzierungsorganisation permanent zurückzustellen. Es scheinen hier noch andere Interessen im Spiel zu sein.

Die Bank ist ein mächtiges Instrument zur Einflussnahme auf Regierungen in Entwicklungsländern. Deutschland verfügt damit als drittgrößter *Shareholder* über Einflusskanäle, die es ohne eine starke Rolle in der Weltbank so nicht nutzen könnte. Dabei geht es in der Regel jedoch weder um Armutsbekämpfung noch um Umweltschutz, sondern um strategische außenpolitische Interessen. Ministerin Wieczorek-Zeul schwärmte vor kurzem im »Spiegel«: »Die Weltbank ist eines der wichtigsten Instrumente, um globale Politik zu bestimmen« (3/2007, S. 56). Dieser Einfluss scheint der deutschen Bundesregierung so wichtig zu sein, dass immer wieder faule Kompromisse eingegangen werden und

Die Weltbank-Mühlen mahlen ....

Laymeyer ist in der deutschen Öffentlichkeit nahezu unbekannt, in der internationalen Entwicklungsszene jedoch einer der Großen. Das hessische Ingenieur- und Beratungsunternehmen ist nicht nur ein natürlicher Partner der deutschen Entwicklungspolitik, etwa im Wassersektor,[1] sondern auch bei zahlreichen Weltbankprojekten dabei, die nach eigenen Angaben einen Umsatz-Anteil von 5 bis 10% haben. Nachdem die Firma 2003 von einem Gericht in Lesotho wegen Zahlung von Schmiergeldern beim *Lesotho Highlands Water Project* (LHWP) verurteilt wurde, hat die Weltbank es im vergangenen Jahr für sieben Jahre gesperrt. Die Strafmaßnahme kommt allerdings reichlich spät: In den drei Jahren seit seiner Verurteilung konnte Laymeyer mindestens 18 neue Weltbank-Aufträge im Wert von fast 15 Millionen US-Dollar akquirieren. Außerdem kann die Sperrfrist bei guter Führung (Ethikprogramm, Maßnahmen gegen Korruption) auf drei Jahre verkürzt werden.

Quelle: E+Z, Nr.12, 2006, 445; IRN/Environmental Defense, Presse Release, November 7, 2006

[1] Siehe Thomas Fritz, Schleichende Privatisierung. Kritik der deutschen und internationalen Entwicklungshilfe im Wassersektor. April 2006 (Blue 21/FDCL)

bei Entscheidungen im Verwaltungsrat die Hand zu Menschenrechtsverletzungen und Umweltzerstörung gehoben wird, wie beispielsweise beim Tschad-Kamerun Öl- und Pipelineprojekt, dem Nam Theun 2 Staudammprojekt in Laos, bei der marktgestützten Landreform in Brasilien oder dem Kohleabbau nahe Hazaribagh in Indien.[13]

Neben den machtpolitischen Aspekten ist jedoch auch die Förderung der Wettbewerbschancen deutscher Unternehmen bei der Vergabe von Aufträgen der Weltbank ein wichtiges Anliegen der deutschen Weltbankpolitik, das mit erheblichem Aufwand betrieben wird. Das Büro des deutschen Exekutivdirektors bei der Weltbank versteht sich als »Anlauf- und Beratungsstelle« der deutschen Wirtschaft, das einzige deutsche Büro der Weltbankgruppe mit Sitz in Frankfurt/Main ist allein als »Servicestelle« für deutsche Unternehmen gedacht. Es gibt von

---

[13] Siehe Brot für die Welt, EED, FIAN 2005, »Für eine Globalisierung von wirtschaftlichen und sozialen Menschenrechten durch die Stärkung extraterritorialer Staatenpflichten, Sieben Fallstudien über die Auswirkungen deutscher Politik auf Menschenrechte in Ländern des Südens«, Februar 2005, und Brot für die Welt, EED, FIAN, Germany's extraterritorial human rights obligations in multilateral development banks, Introduction and case study in Chad, Ghana and Pakistan, October 2006.

deutscher Seite aus zahlreiche Beratungs- und Förderungsinitiativen, um deutsche Unternehmen bei der Auftragsvergabe nicht zu kurz kommen zu lassen. Hier ist die deutsche Weltbankpolitik interessanterweise wesentlich erfolgreicher als in anderen Bereichen: Von den Milliardenkrediten, die die Weltbank jährlich vergibt, profitieren deutsche Unternehmen in besonderem Maße. Sie konnten 2006 Weltbankaufträge in Höhe von 400 bis 500 Mio. US-Dollar ergattern und standen damit – wie auch die Jahre davor – wieder auf der Spitzenposition unter den OECD-Staaten.[14]

Deutsche Unternehmen profitieren jedoch auch jenseits der direkten Auftragsvergabe von der Politik der Weltbank. Die auf Liberalisierung, Privatisierung und die Verbesserung des Investitionsregimes für ausländische Investoren ausgerichtete politische Linie der Bank eröffnet gerade dem Exportweltmeister Deutschland lukrativen Marktzugang in weiten Teilen der Welt.

Zur Steigerung der Geschäftsmöglichkeiten deutscher Unternehmen dient auch das »Deutsche Weltbankforum«, das seit seiner Entstehung 1995 acht Mal in Deutschland veranstaltet wurde. Es bietet der deutschen Wirtschaft einen Raum zur gepflegten Sondierung lukrativer Geschäftsmöglichkeiten mit internationalen Gästen aus Wirtschaft und Politik aus für deutsche Investoren interessanten Regionen.[15] Selbstverständlich wird auf dem Weltbankforum auch darüber gesprochen, wie die Rolle der Bank bei der Förderung des »Geschäftsklimas« in Entwicklungsländern verbessert werden kann.

Fast die Hälfte der Teilnehmerinnen und Teilnehmer kommen aus der Privatwirtschaft. Vertreter der Zivilgesellschaft aus den betreffenden Regionen sucht man vergeblich. Auch deutsche NGO-Vertreter können an einer Hand abgezählt werden. Ein Besuch des deutschen Weltbankforums macht indes deutlich, wie wenig die »Privatsektorförderung à la Weltbank« mit Armutsbekämpfung zu tun hat.

---

[14] Jahresberichte des deutschen Exekutivdirektors bei der Weltbank 2004-2006

[15] Die Liste der Gastgeber der letzten Weltbankforen ist aufschlussreich: Das 3. Weltbankforum 1997 zu Südafrika wurde von Daimler Chrysler veranstaltet, das darauf folgende Forum wurde 1999 von der Siemens AG in München ausgerichtet, der Schwerpunkt lag auf Lateinamerika. Das 5. Weltbankforum wurde in Berlin von der Bankgesellschaft Berlin veranstaltet, das Thema war – wen könnte es wundern – »Development Partnership with the Private Sektor«. 2006 wurde das 8. Deutsche Weltbankforum federführend von der Handelskammer Hamburg ausgerichtet. Eingeladen wurde zur Diskussion über »Middle East and Germany: Challenges & Opportunities«.

Zusammenfassung

Die Weltbank hat versagt.

Erstens hat das wirtschaftliche Entwicklungskonzept der Bank, das für Wirtschaftswachstum auf Privatisierung, Liberalisierung und Exportorientierung setzt, versagt, Armut zu verringern und nachhaltige Entwicklung anzukurbeln, und es verstößt regelmäßig und systematisch gegen soziale, wirtschaftliche und kulturelle Menschenrechte. Die Bank hat – gemeinsam mit dem Fonds – mehr Unglück und Verelendung erzeugt, als Perspektiven zu schaffen und gerechte und nachhaltige Entwicklung voranzutreiben. Trotz bestehender Umwelt- und Sozialstandards erfüllt sie ihren Auftrag, Armut zu beseitigen, nicht. Sie trägt zur Zerstörung der Umwelt bei, beraubt die Menschen ihrer sozialen Wurzeln und Lebensgrundlagen und verletzt die Menschenrechte, deren Stärkung gerade eine Voraussetzung für die dauerhafte Beseitigung von Armut, Diskriminierungen und Marginalisierung wäre. Sie verhindert durch die ständige Ausweitung ihres Mandats, durch ihre Hegemonie über den entwicklungspolitischen Diskurs, durch ihre Dominanz gegenüber Regierungen, mit ihrem Einfluss auf die Arbeit anderer multilateraler und bilateraler Geber und auf nichtstaatliche Organisationen und durch den Zugriff auf öffentliche Gelder die Entwicklung und Umsetzung der vorhandenen vielfältigen Alternativen und die Entstehung wirklicher *Ownership*.

Zweitens sind die Reformen, die sie auf Druck von Zivilgesellschaft, betroffenen Bevölkerungsgruppen und kritischer Öffentlichkeit, aber auch aufgrund nachgewiesener Fehlschläge ihrer Projekte und Politik durchgeführt hat, weitgehend Lippenbekenntnisse geblieben und haben nichts an den Grundsätzen ihrer Politik geändert. Trotz einiger Anpassungen, Reformen und Verbesserungen setzt sie ihre falsche Politik auch weiterhin fort. Immer wieder hat sie versprochen, aus ihren Fehlern und aus der Kritik an ihrer Politik zu lernen, immer wieder hat sie neue Maßnahmen entworfen, um ihr Versagen bei der Armutsminderung zu kaschieren und soziale und ökologische Schäden durch ihre Politik abzufedern. Ihren grundlegenden Kurs, der den ärmeren Ländern und vor allem den schwächeren Bevölkerungsgruppen die Umsetzung einer selbstbestimmten Entwicklungsperspektive verbaut, hat sie jedoch nicht geändert.

Drittens sind das Versagen bei der Armutsminderung und die Reformunwilligkeit auf die grundlegenden Strukturen der Bank zurückzuführen, auf ihre undemokratischen und intransparenten Entscheidungsprozesse und auf die wirtschaftlichen und politischen Interessen, die ihre Politik bestimmen. Die Bestandsaufnahme zeigt, dass es keine »neue Phase« der Weltbankpolitik gegeben hat, sondern nur einen neuen Anstrich an einem Zug, der aufgrund wirtschaftlicher und politischer Interessen der Mächtigen in der Weltbank auch weiterhin in die falsche Richtung fährt. Daran haben auch die Ankündigungen und halbherzigen Versuche der Bundesregierung, etwa bei der Energie- oder der Liberalisierungspolitik einen Kurswechsel herbeizuführen, wenig geändert. Und trotz aller Rhetorik zeichnet sich inzwischen ein *Roll back* ab. Die Phase der Reformen, der Kooperation mit der Zivilgesellschaft und der Orientierung auf nachhaltige Entwicklung und Armutsminderung als vorrangige Zielsetzungen war anscheinend nur ein Zwischenspiel.

Anspruch und Realität, Rhetorik und Handeln fallen auch weiterhin weit auseinander. Prinzipien wie die Förderung der Privatisierung, die Dominanz marktorientierter Problemlösungen und der Rückzug des Staates aus der Verantwortung für die Sicherstellung sozialer öffentlicher Güter bleiben in Kraft – obwohl sie dem Ziel einer umfassend nachhaltigen Entwicklungsperspektive zuwiderlaufen. Es zeigt sich, dass die Weltbank Teil des Problems, nicht Teil der Lösung ist. Und den Preis dafür zahlen vor allem die ärmeren Bevölkerungsgruppen, deren Lebensgrundlagen, einschließlich der natürlichen Umwelt, und damit die Möglichkeiten einer alternativen, selbstbestimmten Entwicklung Stück für Stück zerstört und enteignet werden.

Die geringe Entwicklungswirksamkeit, unzureichende Reformen, schlechte Geschäfte und unzulängliche demokratische Verhältnisse und Rechenschaftspflicht beginnen, an der Legitimation und dem Ansehen der Weltbank zu kratzen. »Fehlende Legitimation und Ineffizienz verstärken sich gegenseitig«, wie die britische Entwicklungsorganisation *Christian Aid*[1] meint. Forderungen nach grundlegenden Reformen werden immer lauter. Europäische Regierungen drohen mit Mittelkür-

---

[1] Challenging Conditions: A new strategy for reform at the World Bank and IMF, July 2006, 2

zungen, der einflussreichste Anteilseigner will der Bank gar ihre lieb gewonnene Unabhängigkeit – und das Kreditgeschäft – nehmen: Nachdem im Jahr 2000 die Meltzer-Kommission den Rückzug der Bank aus den Schwellenländern empfohlen hat, weil der Privatsektor deren Investitionsbedarf effizienter decken könne, schlagen die USA vor, die IBRD stärker auf der Basis von geberfinanzierten Zuschüssen für die ärmsten Länder arbeiten zu lassen – ähnlich wie jetzt bereits die IDA. Damit würde sie abhängig von den Gebern und deren Bereitschaft, Gelder bereit zu stellen.[2]

Noch ist es nicht so weit, denn andere Anteilseigner, beispielsweise aus Europa, teilen die Sicht der US-Regierung nicht. Aber auch sie drängen auf Reformen, etwa bei der heftig umstrittenen wirtschaftspolitischen Konditionalisierung der Kreditvergabe. Und die Länder des Südens, allen voran die wirtschaftlich erfolgreichen Schwellenländer, beginnen, sich aus der Vormundschaft zu lösen und fordern mehr Einfluss auf die Geschäfte und den Betrieb. Die Diskussion um die Rolle der Weltbank ist in vollem Gange. Voraussetzung für eine sinnvolle Reform ist allerdings eine Klärung, welche Entwicklungsstrategie am ehesten verspricht, eine sozial, wirtschaftlich und ökologisch nachhaltige Entwicklung herbeizuführen. Dann erst ist zu schauen, welche Rolle eine Institution wie die Weltbank darin spielen kann – oder ob sie nicht längst überflüssig ist.

---

[2] Qays Hamid, Weltbank sucht Strategie, in: E+Z, Jg. 46. 2005:10, 367-369

Ausgewählte Literatur

Annual Report on Development Effectiveness, Washington DC (OED)
BMZ, Post-Washington-Consensus – Einige Überlegungen. Diskussionspapier.
Berlin 2004
Christian Aid, Challenging Conditions: A new strategy for reform at the World
Bank and IMF, July 2006
Christian Aid, The economics of failure: the real costs of »free« trade, June
2005
Christian Aid, Business as usual, September 2005
Burak Copur/Ann-Kathrin Schneider, IWF & Weltbank: Dirigenten der Globali-
sierung. Hamburg 2004 (AttacBasisText – VSA)
Die Weltbank und der Privatsektor: Hilfe für die Reichen und leere Versprechen
für die Armen, September 2005 (urgewald)
Eurodad, World Bank and IMF conditionality: a development injustice, June
2006
Extractive Industries Review Team, Striking a Better Balance: The Extractive
Industries Final Report, Washington DC 2004
Germany's extraterritorial human rights obligations in multilateral develop-
ment banks, October 2006, (FIAN, EED, Brot für die Welt)
Uwe Hoering, Zum Beispiel IWF & Weltbank, Göttingen 1999 (Lamuv)
Uwe Hoering, Wasser für Nahrung – Wasser für Profit. Die Wasserpolitik der
Weltbank in der Landwirtschaft, Stuttgart 2005 (Brot für die Welt)
How the World Bank's Energy Framework Sells the Climate and Poor People
Short, September 2006
Roland Jahn/Daniela Setton, Die Energiepolitik der Weltbank: Eine klima- und
entwicklungspolitische Katastrophe, April 2006 (weed Hintergrund).
Kicking the Habit: How the World Bank and the IMF are still addicted to attach-
ing economic policy conditions to aid, Oxfam Briefing Paper 96, November
2006
New Economics Foundation, Growth Isn't Working: the Unbalanced Distributi-
on of Benefits and Costs from Growth, 2006
One size for all. A study of IMF and World Bank Poverty Reduction Strategies,
September 2005, (World Development Movement)
Alexis Passadakis/Daniela Setton, WTO – IWF – Weltbank. Die unheilige Drei-
faltigkeit der Weltwirtschaft, Hamburg 2007 (AttacBasisText – VSA)
PRSP – Chancen und Grenzen zivilgesellschaftlicher Beteiligung, Bonn und Ber-
lin, Februar 2003 (VENRO)
Bruce Rich: Die Verpfändung der Erde – Die Weltbank, die ökologische Verar-
mung und die Entwicklungskrise. Stuttgart 1998

SAPRIN, The Policy Roots of Economic Crisis and Poverty, April 2002

Jim Valette/Steve Kretzmann, The Energy Tug of War. The Winners and Losers of World Bank Fossil Fuel Finance, Washington 2004

Miriam Walther, Armutsstrategiepapier (PRSP). Neuanfang der Strukturanpassungspolitik von IWF und Weltbank? Bonn 2002 (Weed Arbeitspapier)

Weisbrot et al., The Scorecard on Development: 25 Years of Diminished Progress. Centre for Economic and Policy Research, September 2005

Welche Konditionalitäten braucht die Entwicklungszusammenarbeit? Bonn und Berlin, Dezember 2006 (VENRO, 2015 im Gespräch 10)

Ngaire Woods, The Globalizers in Search of a Future: Four reasons why the IMF and World Bank must change, and four ways they can, April 2006 (CGD Brief)

Ngaire Woods, The Globalizers. The IMF, the World Bank, and Their Borrowers, April 2006

World Commission on Dams, Dams and Development. A New Framework for Decision-Making, London 2000

World Development Movement, Out of time. The case for replacing the World Bank and IMF, September 2006

A Wrong Turn from Rio. The World Bank's Road to Climate Catastrophe, by Jim Vallette, Daphne Wysham, and Nadia Martinez, Washington D.C. December 2004 (Sustainable Energy and Economy Network, Institute for Policy Studies)

Elaine Zuckerman/Wu Qing, Reforming the World Bank: Will the Gender Strategy Make a Difference? Berlin/Washington D.C. 2005

Abkürzungen

AfDB	African Development Bank/Afrikanische Entwicklungsbank
AfDF	African Development Fund/Afrikanischer Entwicklungsfonds
ARD	Agriculture and Rural Development, Weltbank-Abteilung für Landwirtschaft und ländliche Entwicklung
BIC	Bank Information Centre
BIP	Bruttoinlandsprodukt
BMZ	Bundesministerium für wirtschaftliche Zusammenarbeit und Entwicklung
BWI	Bretton Woods Institutionen
BWP	Bretton Woods Project
CADTM	Committee for the Cancellation of Third World Debt
CAS	Country Assistance Strategy/Länderstrategie der Weltbank
CDM	Clean Development Mechanism/Mechanismus für umweltverträgliche Entwicklung
CO_2	Kohlendioxyd
CODE	Committee on Development Effectiveness (World Bank)
CPIA	Country Policy and Institutional Assessment
DAC	Ausschuss für Entwicklungshilfe (Development Assistance Commitee) der OECD (Mitgliedsländer: Australien, Belgien, Dänemark, Deutschland, Finnland, Frankreich, Griechenland, Großbritannien, Irland, Italien, Japan, Kanada, Luxemburg, Neuseeland, Niederlande, Norwegen, Österreich, Portugal, Schweden, Schweiz, Spanien, USA, EU-Kommission)
DIE	Deutsches Institut für Entwicklungspolitik
EED	Evangelischer Entwicklungsdienst
EIR	Extractive Industries Review
ESSD	Environmentally and Socially Sustainable Development
EU	Europäische Union
Eurodad	European Network on Debt and Development
FAO	Food and Agriculture Organisation, UN-Organisation für Ernährung und Landwirtschaft
FIAN	FoodFirst Informations- und Aktionsnetzwerk
FPIC	Free Prior Informed Consent
FY	Financial Year/Finanzjahr
GEF	Global Environment Facility
GTZ	Gesellschaft für Technische Zusammenarbeit
HDR	Human Development Report
HIPC	Highly Indebted Poor Countries
IBRD	International Bank for Reconstruction and Development

ICSID	International Center for the Settlement of Investment Disputes
IDA	International Development Association
IEG/OED	Independent Evaluation Group/Operations Evaluation Department
IFC	International Finance Corporation
IFI	Internationale Finanzinstitutionen
ILO	International Labour Organization/ Internationale Arbeitsorganisation
IMF/IWF	International Monetary Fund/Internationaler Währungsfonds
IRN	International Rivers Network
MDG	Millennium-Development Goal
MDRI	Multilateral Debt Relief Initiative
MIC	Middle Income Country
MIGA	Multilateral Investment Guarantee Agency
NGO/NRO	Non Governmental Organisation/Nicht-Regierungs-Organisation
ODA	Official Development Assistance/ Öffentliche Entwicklungszusammenarbeit
OECD	Organization for Economic Cooperation and Development
OED	siehe IEG
OGMC	Oil, Gas, Mining and Chemicals (gemeinsame Abteilung von IFC, IBRD und MIGA)
PPI	Public Private Initiative
PRSC	Poverty Support Credit Programme/ Unterstützungskredit Armutsreduzierung
PRSP	Poverty Reduction Strategy Paper/Armutsbekämpfungsstrategie
PSIA	Poverty and Social Impact Analysis
SAPRI	Structural Adjustment Participatory Research Initiative
TRI	Trade Restrictiveness Index
UN	United Nations/Vereinte Nationen
UNCED	UN Conference on Environment and Development
UNCTAD	UN Conference on Trade and Development
UNDP	UN Development Programme
UNFCCC	UN Framework Convention on Climate Change
VENRO	Verband Entwicklungspolitik deutscher Nichtregierungs- organisationen
WBG	Weltbankgruppe
WCD	World Commission on Dams
WDM	World Development Movement
WDR	World Development Report
Weed	World Economy, Ecology and Development/ Weltwirtschaft, Ökologie und Entwicklung
WRI	World Resources Institute
WRSS	Water Resources Sector Strategy
WTO	World Trade Organisation/Welthandelsorganisation
WWF	WorldWide Fund for Nature

Das **Forum Umwelt & Entwicklung** wurde 1992 nach der UN-Konferenz für Umwelt und Entwicklung gegründet und ko-ordiniert die Aktivitäten deutscher NRO in internationalen Politik-prozessen zu nachhaltiger Entwicklung. Hauptziel ist die Um-setzung der Beschlüsse dieser Konferenz.

In **thematischen Arbeitsgruppen** (z.B. zu Handel, Biolo-gischer Vielfalt, Wasser, Klima und Energie...) werden sowohl gemeinsame Standpunkte und Strategien zur politischen Ar-beit als auch Initiativen zur Bildungs- und Informationsarbeit entwickelt. Einmal im Jahr kommt das Forum Umwelt und Entwicklung zu einem themenübergeifenden Plenum zusam-men.

Die Koordination und Information nach innen und außen übernimmt die **Projektstelle** Umwelt & Entwicklung. Sie ist Sprachrohr und Koordinationsinstrument des Forums Umwelt & Entwicklung und Umschlagplatz gemeinsam erarbeiteter Positionen der beteiligten Verbände. Sie unterhält Kontakte zu Organisationen aus Entwicklungsländern und stimmt sich mit internationalen Verbänden für gemeinsame Aktionen ab.

Die Arbeit der Projektstelle wird von einem **Leitungskreis** gesteuert, der sich aus VertreterInnen von Umwelt- und Entwicklungsorganisationen zusammensetzt. Er repräsentiert die im Forum mitarbeitenden Umwelt- und Entwicklungs-organisationen und ist das politische Leitungsgremium des Forums.

Die Projektstelle wird vom Bundesministerium für Umwelt, Naturschutz und Reaktorsicherheit (BMU) und vom Bundesmi-nisterium für wirtschaftliche Zusammenarbeit und Entwicklung (BMZ) finanziell gefördert, Trägerorganisation ist der Deutsche Naturschutzring e.V. (DNR).

Kontakt:
info@forumue.de
www.forumue.de
0228 - 35 97 04

Forum Umwelt und Entwicklung

VSA: Globalisierungskritik

Herausgegeben vom Wissenschaftlichen Beirat von Attac.
In Kooperation mit der »tageszeitung« und der Heinrich Böll Stiftung
224 Seiten; Fadenheftung; Klappenbroschur; € 10.00
ISBN 978-3-89965-139-3

Mohssen Massarrat
Kapitalismus – Machtungleichheit – Nachhaltigkeit
Perspektiven Revolutionärer Reformen
312 Seiten; € 18.80
ISBN 978-3-89965-142-3

Prospekte anfordern!

VSA-Verlag
St. Georgs Kirchhof 6
20099 Hamburg
Tel. 040/28 09 52 77-10
Fax 040/28 09 52 77-50
mail: info@vsa-verlag.de

AttacBasisTexte 25
96 Seiten; € 6.50
ISBN 978-3-89965-229-1
Dieser AttacBasisText erklärt nicht nur die Funktionsweise der drei großen Globalisierungsdirigenten WTO, IWF und Weltbank, sondern macht auch Alternativen deutlich.

Annette Groth/Theo Kneifel
Europa plündert Afrika
Der EU-Freihandel und die EPAs
AttacBasisTexte 24
96 Seiten; € 6.50
ISBN 978-3-89965-228-4

Ulrich Duchrow/Reinhold Bianchi/
René Krüger/Vincenzo Petracca
Solidarisch Mensch werden
Psychische und soziale Destruktion im Neoliberalismus –
Wege zu ihrer Überwindung
Gemeinsam verlegt mit Publik-Forum
512 Seiten, Hardcover; € 19.80
ISBN 978-3-89965-167-6

www.vsa-verlag.de